Sophie Haag | Sabine Haag

Das inoffizielle Harry Potter Fanbuch

Sophie Haag | Sabine Haag

Das inoffizielle Harry Potter Fanbuch

Unnützes Wissen, Facts
& Fun rund um den
berühmten Zauberlehrling

Willkommen in Harrys Welt!

»Harry Potter« ist eine fantastische Geschichte – im wahrsten Sinne des Wortes: Für Leser:innen, die in eine komplett andere Welt eintauchen, und für Autor:innen, die nur in ihren kühnsten Träumen ein Werk mit diesem Erfolg erhoffen. Der schottischen Autorin Joanne K. Rowling ist gelungen, was vor ihr bereits viele versucht haben: Sie hat mit ihrer literarischen Kultfigur Harry Potter die Kinder- und die Erwachsenenwelt gleichermaßen erobert. Mit über 500 Millionen verkauften Büchern zählt Harry Potter zu den wichtigsten Werken der modernen Weltliteratur. Die Buchreihe wurde in 80 Sprachen übersetzt und allein im deutschsprachigen Raum wurden über 33 Millionen Harry-Potter-Bücher verkauft. Dazu kommen acht Hollywood-Blockbuster mit einem kombinierten Einspielergebnis von mehr als 7,7 Milliarden US-Dollar. Rowling wurde mit »Harry Potter« zur bisher ersten und einzigen Schriftstellerin, die durch ihre Arbeit zur Milliardärin wurde.

Aber was macht diese Faszination aus? Wie schafft es eine Buchreihe, ein literarisches Werk, im Zeitalter digitaler Medien so erfolgreich zu sein und so geliebt zu werden? Und warum können wir einfach nicht aufhören, immer weiter in diese Welt einzutauchen?

Die Geschichte von Harry Potter ist eine tolle Mischung aus Elementen, die wir aus Kinder- und Jugendbüchern kennen und lieben:

der Internatsroman, eine Coming-of-Age-Geschichte und Fantasy. Dazu noch die Motive des Waisenkinds und der Kampf gegen das Böse. Das alleine macht die Buchreihe jedoch noch nicht derart spannend und detailreich. Die besondere Art des Erzählens bringt das gewisse Extra. Denn wurden in früheren Buchreihen immer einzelne Episoden abgeschlossen (etwa wie bei »5 Freunde«, »TKKG« etc.), so hat Harry Potter eine Struktur, die zwar auch mit jedem Band ein abgeschlossenes Abenteuer enthält, die sich aber zugleich durch alle Bände zieht. Das führt dazu, dass wir immer tiefer in das »Harry Potter«-Universum hineingezogen werden. Diese Struktur wird weitergesponnen, die Erzählung dichter, die Herausforderungen werden größer und die Protagonisten vielschichtiger.

Deswegen lesen wir die Bücher nicht nur einmal, sondern immer und immer wieder. Und jedes Mal entdecken wir Neues, finden wir Andeutungen und Vorausdeutungen, die wir mit unserem Wissen zu entschlüsseln versuchen. Diese kleinen versteckten Hinweise, Verbindungen und heimlichen Besonderheiten erkennt man beim erstmaligen Lesen der Bücher nicht. Man nimmt sie erst wahr, wenn man sich ganz darauf einlässt und völlig in die Buch- und Filmwelt des »Harry Potter«-Universums eintaucht. Und so entwickelte sich über die Jahre ein ganz eigener, sehr umfassender Kosmos, der aus vielen Quellen gespeist wird: aus den Büchern und ihren internen Verknüpfungen, aus den Filmen und dem Zusammenspiel des jeweiligen Drehbuchs mit den Besonderheiten der einzelnen Schauspieler, die ebenfalls zu Kultfiguren wurden. Und aus dem permanenten Input der Autorin, die Erzählstränge über die Bücher hinaus weiterspinnt und es liebt, ihre Fans mit immer mehr Details zu füttern. Dazu sind in den letzten Jahren die Warner-Bros.-Studio-Tours und -Musicals gekommen, die den Kult weiter befeuern und immer neue Erlebniswelten schaffen. Mitunter wird durch die Fülle der Eindruck vermittelt, es handle sich bei der fiktiven Zaubererwelt um eine wirkliche Parallelwelt: Es beschäftigen sich Jurist:innen mit den Gesetzen und Standardwerke der Wissenschaft mit der Alchemie bei »Harry Potter«.

So wird es für den wahren Fan immer schwieriger, die vielen kleinen Details im Blick zu behalten. Dieses Buch ist kein Nachschlagewerk oder Lexikon für das »Harry Potter«-Wissen, sondern eine Sammlung spannender Hintergrundinformationen, loser Fäden, die angeknüpft werden können, und natürlich für Klatsch und Tratsch.

Wir wünschen allen Leser:innen viel Freude beim Abtauchen in die Besonderheiten der »Harry Potter«-Welt!
In diesem Sinne: **ALOHOMORA!***

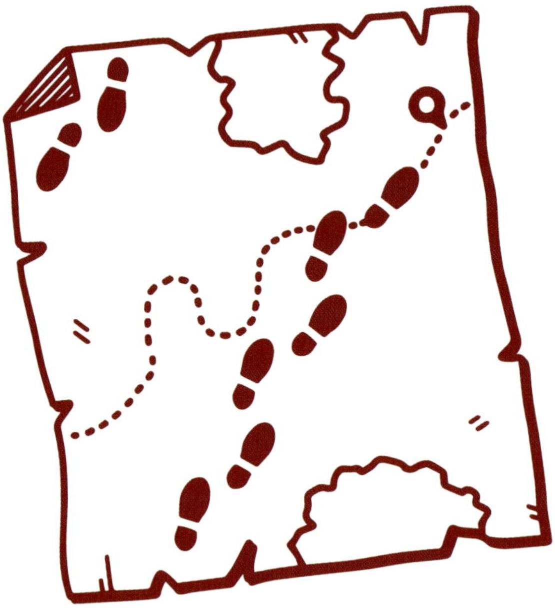

*Dieser Zauberspruch öffnet bekanntermaßen verschlossene Türen!

»Harry Potter«-Fans gibt es überall auf der Welt, selbst in Guantanamo, dem Hochsicherheitsgefängnis.

»Harry Potter und der Stein der Weisen« ist der meistverkaufte Teil der »Harry Potter«-Reihe. Und »Harry Potter und die Heiligtümer des Todes« hält den Titel des am schnellsten verkauften Bandes der Reihe – und aller Zeiten: Alleine in den ersten 24 Stunden nach seinem Erscheinen gingen über 11 Millionen Exemplare über die Ladentheken.

In Deutschland wurden von allen Teilen 33 Millionen Exemplare verkauft. Das bedeutet, dass sich in etwa drei von vier Haushalten ein »Harry Potter«-Buch befindet.

Der Titel des ersten Buches wurde für die USA angepasst: Aus »Harry Potter and the Philosopher's Stone« wurde »Harry Potter and the Sorcerer's Stone«. Grund: Man hielt den *Philosopher's Stone* für zu elitär und hochtrabend für den amerikanischen Leser. Was ursprünglich für das Buch geändert wurde, hatte natürlich auch Auswirkungen auf den Film. So mussten im Nachhinein einige Szenen neu eingesprochen werden, um die Namensänderung auch im Film zu übernehmen.

Bei der Veröffentlichung von »Harry Potter und der Gefangene von Askaban« wurde ganz besonderes Augenmerk auf die Schüler:innen gelegt: Damit es am Erscheinungstag nicht zum Schulschwänzen kommt, bat der Bloomsbury Verlag die Buchhändler, das Buch erst nach Schulschluss anzubieten.

In Deutschland durfte der vierte Band, »Harry Potter und der Feuerkelch«, an einem Samstag das erste Mal angeboten werden. Die Freude war aber so groß, dass man in München nicht auf den Samstag warten wollte: Man verkaufte stattdessen einige Exemplare an eine Kneipe, damit, wer wollte, das Buch schon in der Nacht auf Samstag – natürlich erst nach Mitternacht! – lesen konnte.

Die amerikanische Zeitung »Daily News« veröffentlichte trotz eines Verbots Teile aus »Harry Potter und der Orden des Phönix«. Sie wurde dafür auf Zahlung von 100 Millionen Dollar Schadenersatz verklagt.

Bei einem Überfall auf einen Transporter voller Bücher wurden 8000 Exemplare des damals noch nicht veröffentlichten Bandes »Harry Potter und der Orden des Phönix« gestohlen und auf dem Schwarzmarkt für sehr viel Geld verkauft.

In Kanada wurde »Harry Potter und der Halbblutprinz« aus Versehen zwei Wochen zu früh verkauft. Die Bücher mussten wieder zurückgegeben werden, als Entschädigung gab es eine Autogrammkarte von J. K. Rowling.

Den Manuskripten für »Harry Potter und die Heiligtümer des Todes« verpasste der Bloomsbury-Verlag verschiedene skurrile Codenamen, damit sie nicht frühzeitig geleaked wurden. Darunter war auch der poetische Titel »The Life and Times of Clara Rose Lovett: An Epic Novel Covering Many Generations of Edinburgh Potmakers«.

Nicht bei allen trafen Harry Potter und seine Freunde auf Begeisterung. So war ein Lehrer und Pastor in Nashville davon überzeugt, dass die Zaubersprüche auch im echten Leben funktionieren, und er verbannte alle »Harry Potter«-Bücher aus der Bibliothek seiner Schule. In den gesamten USA landeten die Bücher sogar auf der schwarzen Liste der 100 Bücher, die nicht in Schulbibliotheken gehören.

Auch die katholische Kirche und der Papst waren anfangs nicht sonderlich begeistert von den Büchern, da man sie für unchristlich hielt. Das änderte sich aber mit dem Film »Harry Potter und der Halbblutprinz«: Dieser wurde mit dem Segen des Vatikans herausgebracht, denn er zeige deutlich, dass letztendlich das Gute über das Böse siegt.

DIE AUTORIN:
J. K. Rowling

Warum uns J. K. Rowling so fasziniert? Sie schaffte ihren bahnbrechenden Erfolg nicht nur aus dem Nichts heraus, sondern schuf gleichzeitig ein literarisches Phänomen. Über die Entstehung der Bücher gibt es mittlerweile zahlreiche Mythen, die oft so zusammengefasst werden, dass Rowling mit »Harry Potter« als arme, alleinstehende Mutter in einem Café auf einer Serviette begann. Aber was ist wahr daran?

Geboren wurde sie als Joanne Rowling am 31. Juli 1965 im britischen Yate, in der Nähe von Bristol. Später änderte sie ihren Namen in J. K. Rowling. In ihren Anfängen als Autorin riet man ihr nämlich, nur Initialen zu verwenden, da angeblich Jungen keine Bücher von Frauen lesen wollten. Da sie keinen zweiten Vornamen hat, nutzte sie dafür den ihrer Großmutter väterlicherseits: Kathleen.

Tatsächlich wollte J. K. Rowling schon immer Bücher schreiben. Die erste Geschichte, die sie mit fünf oder sechs Jahren zu Papier brachte, war nach ihren Angaben eine Erzählung von einem Kaninchen namens »Kaninchen«. Es bekam die Masern und wurde von seinen Freunden besucht, darunter eine riesige Biene namens »Miss Bee«. Das war der Beginn für ihre Schreibleidenschaft und seitdem hegte sie den Wunsch, Schriftstellerin zu werden.

Zunächst studierte Rowling jedoch Französisch und Klassische Altertumskunde an der Universität von Exeter. Es folgten Ende der 1980er-Jahre verschiedene Tätigkeiten als Fremdsprachenkorrespondentin, unter anderem für Amnesty International in London. 1989 lebte sie mit ihrem damaligen Freund in Manchester und arbeitete an zwei Romanen für Erwachsene, die sie allerdings nie veröffentlichte und später vernichtete. **1990** war es dann soweit: Während einer Zugfahrt von Manchester nach London erfand sie die Romanfigur Harry Potter.

1991 nahm sie eine Stelle an einer englischen Schule in Porto, Portugal, an und heiratete 1992 den portugiesischen Journalisten Jorge Arantes. Die Trennung folgte schon ein Jahr später. Im Dezember **1993** zog sie mit ihrer 1-jährigen Tochter Jessica nach Edinburgh, wo ihre Schwester Dianne wohnte – im Gepäck hatte sie damals bereits drei »Harry Potter«-Kapitel.

In Schottland lebte sie zunächst von Sozialhilfe – und schrieb weiter an Harry Potters Abenteuern. Jeden Tag spazierte sie mit dem Kinderwagen so lange durch Edinburgh, bis ihre Tochter einschlief, und machte eine Pause im Café »Nicolsons«. Dort bestellte sie stets einen Espresso und ein Glas Wasser – für mehr reichte das Geld nicht – und schrieb von Hand in ihr Notizbuch, bis das Baby wieder aufwachte. (Dass sie etwas auf Servietten schrieb, ist also eine Erfindung.)

Nach eigenen Angaben plante J. K. Rowling von Anfang an eine siebenbändige Buchreihe über einen jugendlichen Magier, der ein Internat für Hexen und Zauberer besucht – Ziel erreicht!

1500 Pfund – rund 2200 Euro – für eine Auflage von tausend Exemplaren, so lautete der Deal mit Bloomsbury damals. Keiner hätte vermutet, dass sich der erste Band, wie auch die beiden folgenden Romane, zu einem Bestseller entwickeln würde!

1995 vollendete sie Band 1, »Harry Potter und der Stein der Weisen«. Die Suche nach einem Verlag gestaltete sich anfangs jedoch schwierig. Rowlings Agent brauchte ein Jahr, um schließlich bei Bloomsbury einen Vertrag für die Veröffentlichung auszuhandeln, die schließlich im Juni 1997 erfolgte.

Drei Tage nach der Veröffentlichung von Band 1 – die Erstauflage lag bei 500 Exemplaren – ersteigerte der US-Verlag Scholastic plötzlich die amerikanischen Rechte an Rowlings Buch zum Preis von 100.000 Dollar. Damit begann die Zeit des ersten »großen« Geldes. Kurze Zeit vorher hatte man der Autorin von Verlagsseite geraten, sich wieder eine Anstellung zu suchen, da man von Kinderbüchern allein nicht reich werden könne. Daher begann sie einen Fortbildungskurs, um wieder als Lehrerin arbeiten zu können, und war für einige Monate an einer Schule in Edinburgh tätig.

Von den 100.000 Dollar aus dem Lizenzdeal mit den Amerikanern standen ihr gemäß Vertrag 80 % zu. Diese enorme Summe machte die bis dahin unbekannte Autorin von einem Tag auf den anderen berühmt.

Im September **1997** erwarb der Carlsen Verlag aus Hamburg die Rechte für alle sieben angekündigten Romane der Reihe für den deutschen Sprachraum. Band 1 erschien bei Carlsen im Juli **1998**.

Die Harry-Potter-Romane wurden in 80 Sprachen übersetzt, darunter Latein und Altgriechisch, und sind in einer weltweiten Gesamtauflage von über 500 Millionen Exemplaren veröffentlicht worden. J. K. Rowling gilt heute als eine der reichsten Frauen Großbritanniens – noch vor Königin Elizabeth II.! Forbes taxierte ihr Vermögen 2004 auf eine Milliarde Dollar, was Rowling dementierte. Die Schätzung der »Sunday Times« liegt bei 770 Millionen Euro.

Im Jahr 2019 wechselte ein Exemplar der Erstauflage von »Harry Potter und der Stein der Weisen« für ca. 70.000 Pfund den Besitzer.

Der Prolog zu Harry Potter, der drei Jahre vor Harrys Geburt spielt, wurde für einen wohltätigen Zweck von Rowling verfasst. Er wurde für 25.000 Euro versteigert.

Die Rechte zum Vorabdruck des ersten Kapitels von »Harry Potter und der Orden des Phönix« wurden kostenlos an Straßenmagazine für Obdachlose vergeben, um diese zu unterstützen.

Einer der ersten Fanbriefe begann mit den Worten »Dear Sir, …«. Rowling wurde also anfangs für einen Mann gehalten!

Es gibt internationale Plagiate von »Harry Potter«: In China erschien ein Buch »Harry Potter und der Leopardendrache« und in Indien das Abenteuer »Harry Potter in Kalkutta«.

Ein Kredit einer Freundin war die Basis für Rowlings Arbeit an »Harry Potter«. Damals lebte sie von Sozialhilfe, mit der sie kaum über die Runden kam. Die Freundin lieh ihr 5800 Euro und so konnte Rowling sich weiter dem Schreiben widmen. Zum Dank schenkte die Bestsellerautorin ihrer Freundin nach dem großen Erfolg eine Wohnung in Edinburgh.

»Muggel«, das von J. K. Rowling für ihre Geschichte erfundene Wort für Nicht-Magier, ist eines der wenigen popkulturellen Wörter, die es bis ins »Oxford English Dictionary« geschafft haben.

Für den größten Stammbaum in den Büchern, jenen der Familie Black, musste sich J. K. Rowling 70 Namen ausdenken. Im Jahr 2006 spendete die Autorin eine per Hand gezeichnete Kopie dieses Stammbaums an eine Wohltätigkeitsaktion. Die Versteigerung des Bildes brachte 30.000 Pfund ein. Es wurde von Daniel Radcliffe erworben.

Die Entstehung der Romane

Genau wie ihre Lieblingsautorin Jane Austen beherrscht Rowling das Spinnen unauffälliger Erzählstränge wie nur wenige Autor:innen der Gegenwartsliteratur. Und sie weiß, dass Grenzen wichtig sind: Während sie am ersten »Potter«-Band arbeitete, machte sie sich zahllose Notizen über Zauberei – und wo deren Grenzlinien verlaufen. Denn wenn alles möglich ist, wird eine Geschichte sehr schnell langweilig ...

Besonders spannend bei solchen Erfolgsgeschichten ist immer die Frage nach autobiografischen Elementen: Was ist komplett erfunden, wo ist das reale Leben mit eingeflochten und was beruht auf wahren Begebenheiten? Und tatsächlich findet sich auch in den sieben Bänden des jungen Zauberers einiges aus dem Leben seiner Schöpferin, das diese bewusst mit aufgenommen hat.

Forest of Dean

Als Rowling neun Jahre alt war, zog ihre Familie in das kleine Dorf Tutshill in der Nähe des Forest of Dean. Der Forest of Dean ist ein historisches Waldgebiet im Westen von England in der Grafschaft Gloucestershire. Er befindet sich zwischen den Städten Gloucester, Monmouth und Chepstow. Mehrere Jahrhunderte lang war dies ein königliches Jagdrevier, heute dient es unter anderem als Erholungs- und Freizeitgebiet. In den Büchern kampieren Hermine und ihre Eltern im Forest of Dean, und in »Harry Potter und die Heiligtümer des Todes« spielt er sogar eine noch größere Rolle.

King's Cross

Ein weiterer Ort, der eine große persönliche Rolle im Leben der Autorin spielte, ist der Londoner Bahnhof King's Cross. Dort, wo die Hogwarts-Schüler am fiktiven Gleis neundreiviertel in den Schulzug steigen, trafen sich Rowlings Eltern James und Anne zum ersten Mal; damals waren sie beide 18 Jahre alt. Rowling sagte in einem Interview, dass King's Cross für sie ein sehr, sehr romantischer Ort und schon immer Teil ihrer Kindheitsfolklore sei.

Der Ford Anglia

Das Auto der Familie Weasley ist ein Ford Anglia – das gleiche Modell, das ein Freund aus der Schulzeit Rowlings fuhr (dieses Auto hatte aber natürlich keinen Flugmechanismus!).

Alte Bekannte

Nicht selten dienten real existierende Freunde oder Bekannte als Inspiration für bestimmte Charaktere. So ist Professor Snape dem früheren Chemielehrer von Rowling nachempfunden. Auch die wenig beliebte Dolores Umbridge soll durch eine Person aus dem wahren Leben der Autorin inspiriert worden sein.

Eine besonders prominente Anlehnung an das reale Leben weist Hermine Granger auf: Sie bezieht sich auf die Person der Autorin selbst! In ihrer Kindheit war Rowling wie Hermine ein echter Bücherwurm und Hermines Patronus, der Otter, ist das Lieblingstier der Autorin. J. K. Rowling sagte in einem Interview: »Hermine ist ein bisschen wie ich, als ich elf war, aber viel klüger.«

Eine traurige Geschichte steckt hinter der Figur von Natalie McDonald, die in Band 4, »Harry Potter und der Feuerkelch«, dem Hause Gryffindor zugeteilt wird. Natalie litt an Leukämie und Freunde von ihr baten J. K. Rowling in einem persönlichen Brief, der Erkrankten vor der Veröffentlichung dieses Bandes zu verraten, wie es weitergehen wird. Leider verstarb das Mädchen noch, bevor es die Antwort der Autorin erhielt. Ihr zu Ehren trägt die genannte Hogwarts-Schülerin nun für immer ihren Namen.

Eine Fantheorie treibt die Vermutung von autobiografischen Elementen in »Harry Potter« auf die Spitze: Viele glauben, dass die Figur der Rita Kimmkorn in Wirklichkeit J. K. Rowling ist. Da die Reporterin des »Tagespropheten« wegen dreister Lügen aus der Zauberwelt verbannt wird, schreibt sie ein Buch über die Welt der Zauberer und Hexen, das in der Muggelwelt auf den Markt gebracht wird – eine wahre Offenbarung aller Details der magischen Welt, die von den Muggel begeistert gelesen wird. Es folgt ein Buch nach dem nächsten, was Rita Kimmkorn zu einer reichen und berühmten Frau macht. Keine Frage, die Parallelen sind ganz eindeutig!

Die Dementoren

Eine ganz besondere Verbindung zu Rowlings Leben haben die Dementoren: Sie basieren nicht auf einer bestimmten Person, sondern sind die Manifestation ihres Seelenzustands. Rowlings klinische Depression inspirierte die Erschaffung der lebenaussaugenden Dementoren. Nach ihrer katastrophalen Ehe und den Scheidungsfolgen stellte man bei Rowling eine klinische Depression fest. Diese kalte Gefühlslosigkeit – dieses wirklich ausgehöhlte Gefühl, das sind nach Aussage von Rowling die Dementoren. Rowling machte die unheimlichen Gestalten zu ihrer personalisierten Depression, weswegen sie auch mit einem zwinkernden Auge festgelegt hat, dass nach einem Dementorenangriff Schokolade hilft.

J. K. Rowling klagte, während sie Buch Nummer 7 schrieb, darüber, dass ihr beim handschriftlichen Arbeiten in der Stadt das Papier ausging und sie Probleme hätte, etwas zu finden, worauf sie schreiben konnte. Daraufhin wurde sie von Fans mit Papiersendungen überschüttet. Manche schickten ihr einzelne Blätter, andere ganze Blöcke und ein Papierhändler ließ ihr einen Stapel Notizbücher mit geprägtem Namen zukommen. Für den Notfall erhielt sie zusätzlich genaue Wegbeschreibungen und sogar Stadtpläne, wo sie in Edinburgh Papier kaufen könne.

Rowling schrieb die Zeilen für den letzten Band in einem Hotelzimmer. Als Beweis hinterließ sie auf der Rückseite einer Marmorbüste die Notiz, dass J. K. Rowling in diesem Raum (Nr. 552) am 11. Januar 2007 »Harry Potter und die Heiligtümer des Todes« beendet habe.

Als Rowling in Portugal lebte, arbeitete sie als Englischlehrerin. Inspiriert von der Kleidung portugiesischer Universitätsstudent:innen in Coimbra (die älteste Universität Portugals, im Jahr 1250 gegründet) dachte sie sich die Umhänge aus, die in Hogwarts von den Schüler:innen getragen werden.

Während J. K. Rowling in Winterbourne, etwas außerhalb von Bristol, lebte, freundete sie sich mit einem Geschwisterpaar an, das den Nachnamen Potter trug. Diesen mochte sie sehr viel lieber als ihren eigenen Nachnamen ...

Obwohl King's Cross in London existiert, fanden die Dreharbeiten zu allen Filmen im ca. 100 Meter entfernten St. Pancras-Bahnhof statt, da dessen Fassade der Filmcrew besser gefiel.

J. K. Rowling hätte beinahe selbst vor der Kamera gestanden: Sie war im Gespräch für die Rolle der Lily Potter, lehnte aber ab, weil sie ihre Schauspielkünste nicht für ausreichend hielt.

In einem Interview bestätigte J. K. Rowling einmal, dass sie eigentlich vorhatte, Ron sterben zu lassen – aus reiner Boshaftigkeit.

J. K. Rowling liebt Bettelarmbänder. Ihr erstes Armband besaß sie 20 Jahre lang, bis bei einem Einbruch in ihrer Wohnung in Manchester die Schmuckschatulle geleert und zertrümmert wurde. Die Autorin verlor dabei nicht nur das Armband, sondern auch die bescheidene Schmucksammlung ihrer Mutter, die nur drei Monate zuvor gestorben war. An dem Tag, an dem das siebte Harry-Potter-Buch veröffentlicht werden sollte, schenkten Herausgeberin Emma und die Leiterin der Kinderbuch-Abteilung bei Bloomsbury, Sarah, ihr ein Armband mit Gold- und Silberanhängern in Form von Symbolen aus den Büchern – darunter ein winziger goldener Schnatz, ein silberner Ford Anglia, ein Denkarium und ein Hirsch-Patronus.

Die Häuser von Hogwarts

Wer will nicht nach Hogwarts?! Wer will sich nicht von den durchschnittlichen Muggeln abheben und ein außergewöhnliches Leben als Hexe oder Zauberer führen? Aber wie kommt man auf die Liste derer, die eine Einladung per Eule zugestellt bekommen? Muss man sich bewerben? Müssen die Eltern zaubern können?

Im Grunde ist es ganz einfach: Egal, wer du bist und was deine Eltern können – eine magische Feder und ein Buch entscheiden, ob eine Eule mit Schulanmeldung zu dir geschickt wird. Weist ein Kind nur ein bisschen Magie auf, versucht die Feder, den Namen des Kindes in das Buch zu schreiben. Gelingt es, bekommt es den Brief. Scheitert die Feder, so bleibt die begehrte Einladung aus und das Buch schlägt zu.

Let's go to Hogwarts – oder woanders hin?

Hogwarts ist nicht die einzige Zauberschule, wie in der Muggelwelt gibt es auch für Zauberer und Hexen mehrere Optionen für ihre Ausbildung. Bekannte Zauberschulen im »Harry Potter«-Universum sind:

- Durmstrang in Bulgarien
- Beauxbatons in Frankreich
- Ilvermorny in Nordamerika
- Castelobruxo in Brasilien
- Koldovstoretz in Russland
- die Mahoutokoro-Schule in Japan
- die Uagadou-Schule in Afrika

Wohin gehöre ich?

Wenn man für Hogwarts ausgewählt wurde, ist die Frage aller Fragen für Newbies: In welches Haus werde ich eingeteilt? Alle Schüler werden bei ihrer Ankunft in der großen Halle in Empfang genommen. Professor McGonagall ruft die neuen Kinder dann in alphabetischer Reihenfolge nach vorne und setzt ihnen den sprechenden Hut auf. Dieser teilt das Kind einem der vier Hogwartshäuser Gryffindor, Hufflepuff, Ravenclaw und Slytherin zu. Soweit ist das alles Fan-Allgemeinwissen. Aber kennst du dich auch genauer mit den einzelnen Häusern und ihren Eigenarten aus?

Das Haus Gryffindor

DAS Haus, das am meisten Aufmerksamkeit bekommt – allein schon, weil Harry ihm zugeteilt wird. Gryffindor wurde von Godric Gryffindor gegründet und steht für Mut, Tapferkeit und Entschlossenheit. Der Hausname leitet sich von Griffin ab, einem mythologischen Fabelwesen mit einem Adlerkopf und einem Löwenkörper.

Wie jedes Haus hat Gryffindor einen Gemeinschaftsraum, der für alle Hausbewohner zugänglich ist. Dieser befindet sich im 7. Stock des Gryffindor-Turms und ist durch ein Passwort geschützt. Vor dem Eingang befindet sich das Porträt der fetten Dame, der man die jeweilige Lösung mitteilen muss, damit sie Einlass gewährt. Die fette Dame ist auch diejenige, die sich regelmäßig neue Passwörter ausdenkt, um zu vermeiden, dass Unbefugte diese herausfinden und in den Gemeinschaftsraum gelangen.

Das Haus Hufflepuff

Treue, Loyalität und Geduld sind Eigenschaften, die zum Haus Hufflepuff gehören, das von Helga Hufflepuff gegründet wurde. Der Gemeinschaftsraum der Hufflepuffs befindet sich im Keller, in der Nähe der Küche. Anders als in Gryffindor ist der Gemeinschaftsraum nicht durch ein Passwort geschützt, sondern durch Fässer. Um hineinzugelangen, muss man im Rhythmus des Namens von »Helga Hufflepuff« gegen das zweite Fass von unten (in der Mitte) klopfen. Gelingt dies nicht, so wird der- oder diejenige mit Essig übergossen und bekommt keinen Zutritt. Das Einlassverfahren zeigt es: Hufflepuff ist ein sehr bodenständiges Haus. Es hat ein gutes Verhältnis zum Haus Ravenclaw, was darin begründet ist, dass sich schon die Gründerinnen Helga Hufflepuff und Rowena Ravenclaw sehr gut verstanden haben.

Das Haus Ravenclaw

Rowena Ravenclaw gründete dieses Haus, das für Scharfsinnigkeit, Intelligenz und Kreativität steht. Auch Ravenclaw hat einen Gemeinschaftsraum in einem Turm. Dieser wird, passend zu den Eigenschaften der Ravenclaws, durch ein Rätsel geschützt. Wer in den Gemeinschaftsraum möchte, muss erst eine Denkaufgabe lösen, welche sich jedes Mal ändert. Obwohl es auch bekannte Ravenclaws wie Luna Lovegood oder Professor Flitwick gibt, sieht man im Film keine einzige Einteilung in das Haus. Dabei wären Hermine sowie Minerva McGonagall fast in Ravenclaw gelandet … Hermine und Professor McGonagall sind sogenannte »Hutklemmer«: Der sprechende Hut brauchte länger als fünf Minuten, um sie in ihre Häuser einzuteilen.

Wissen steht bei Ravenclaw immer im Mittelpunkt. Seine Gründerin Rowena Ravenclaw besaß ein Diadem, welches dem Träger das gesamte auf dem Diadem gespeicherte Wissen überträgt. Aber das Schmuckstück kann noch mehr: Es lernt. Sein Wissen wird durch jeden Träger ergänzt, wodurch der folgende Träger das ganze Wissen der Vorgänger automatisch mitbesitzt.

Das Haus Slytherin

Salazar Slytherin ist der letzte Gründer von Hogwarts und errichtete dieses Haus. Es steht für List, Einfallsreichtum und Ehrgeiz. Ebenso wie in Hufflepuff ist der Gemeinschaftsraum im Keller untergebracht und wie in Gryffindor durch ein Passwort geschützt. Der Gemeinschaftsraum liegt hinter einer Steinwand und das einzige bekannt gewordene Passwort des Hauses Slytherin ist »Reinblut«. Dem Gründer war es schon damals wichtig, dass nur Reinblütige nach Slytherin durften, und er setzte sich dafür ein, dies in der ganzen Schule umzusetzen. Nachdem das aber von den anderen Gründer:innen abgelehnt wurde, baute er die Kammer des Schreckens, um sein Erbe weiterzugeben. Zu der Zeit, als Harry Potter nach Hogwarts ging, gab es keine Vorgabe mehr, wer nach Slytherin darf und wer nicht. Trotzdem wurden dem Haus nur sehr selten Muggelstämmige zugeteilt.

In der Realität bewarb sich in den USA ein angehender Student bei der UCAS, der zentralen Vergabestelle für Studienplätze, um einen Platz an der Hogwarts-Uni. Die UCAS-Mitarbeiter antworteten ihm, dass leider alle Plätze schon belegt seien und dass die zu schlechten Noten in Verteidigung gegen die dunklen Künste der Grund wären, dass er nicht mit aufgenommen wird.

Das Schulmotto von Hogwarts lautet »Draco Dormiens Nunquam Titillandus«. Das bedeutet: »Kitzle nie einen schlafenden Drachen«.

Hast du dich auch gewundert, wie Sirius Black im Film »Harry Potter und der Gefangene von Askaban« in den Gemeinschaftsraum der Gryffindors gelangt? Woher weiß er das Passwort? Neville war's: Der am Anfang der Geschichte sehr tollpatschige Junge schreibt sich, vergesslich wie er ist, alle Passwörter zum Gemeinschaftsraum auf. Als er seinen Zettel verliert, findet Sirius ihn.

TEST:
In welches Haus gehörst du?

Nehmen wir mal an, dass du ein Quäntchen magische Fähigkeiten in dir trägst und die magische Feder eine Einladung nach Hogwarts für dich geschrieben hat: In welches Haus würdest du kommen? Würdest du mit Ron im Gemeinschaftsraum sitzen oder mit Drako Pläne schmieden?
Lass uns herausfinden, wo du hingehörst!

Frage 1

Wie würdest du dich selbst beschreiben?

A Sehr liebenswert und ruhig. Ich hasse Streit und würde am liebsten jeder Reiberei aus dem Weg gehen. Mich bringt so schnell auch nichts aus der Ruhe.
B Ich bin sehr extrovertiert und ohne meine Freunde geht gar nichts.
C Ich bin sehr ehrgeizig und verfolge meine Ziele sehr zielstrebig. Wenn ich mir einmal etwas in den Kopf gesetzt habe, dann will ich es auch unbedingt erreichen.
D Ruhig und kreativ. Meine Gefühle drücke ich am liebsten durch etwas Künstlerisches aus.

Frage 2

Wie bewegst du dich am liebsten fort?

C Apparieren (sofort von einem zu einem anderen Ort gelangen).
D Auf einem Thestral fliegen.
A Mit dem Hogwarts-Express fahren.
B Auf einem Feuerblitz natürlich!

Frage 3

Wo würdest du am liebsten deine Zeit in Hogwarts verbringen?

D Im Astronomieturm.
A In der Eulerei.
B Im Gemeinschaftsraum.
C In der großen Halle.

Frage 4

Auf was freust du dich am meisten, wenn du an Hogwarts denkst?

B Auf jeden Fall auf Quidditch.
C Auf ein paar gute Zaubersprüche, mit denen ich bisschen Chaos stiften kann.
D Auf die Schulfächer und was ich darin lerne.
A Neue Leute kennenzulernen, die das Gleiche können wie ich.

Frage 5

Wie sieht es aus mit Freunden?

C Ich habe meine kleine Gruppe, denn viele Leute nerven mich.
A Mein engster Kreis ist mir wirklich sehr wichtig.
B Ich lerne immer gerne neue Leute kennen.
D Ich bin ein bisschen wählerisch bei neuen Leuten, deswegen bleibe ich bei meiner Clique.

Frage 6

Für welchen Gegenstand entscheidest du dich?

D Buch
B Zeitumkehrer
C Dolch
A Blumentopf

Frage 7

Wie sollen sich die Leute an dich erinnern?

A Gutmütig.
D Intelligent.
C Mächtig.
B Mutig.

Frage 8

Womit tust du dich schwer?

C Versagen.
A Einsamkeit.
B Ignoriert werden.
D Langeweile.

Frage 9

Womit nervst du deine Eltern am häufigsten?

C Dass ich immer zu allem meinen Senf dazugebe und nicht ruhig sein kann.
D Dass ich so viel alleine bin. Ich soll mehr unter Leute.
A Ich bin ihnen etwas unentschlossen und sie wünschen sich, dass ich endlich Entscheidungen treffe.
B Mit meiner Unordnung. Meine Prioritäten liegen halt woanders.

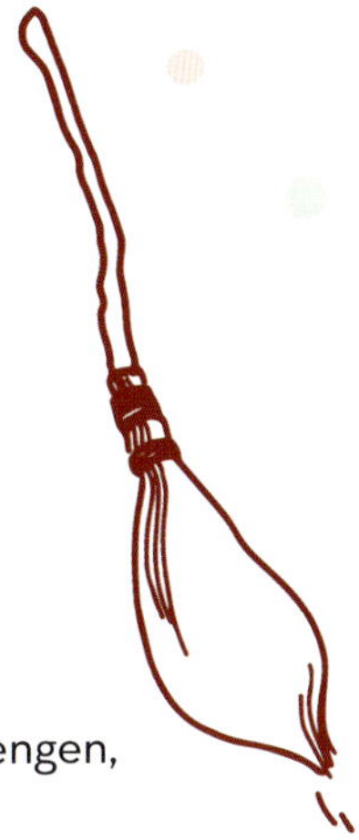

Frage 10

Du bist bei einem Wettkampf. Ist es dir wichtig zu gewinnen?

B Wenn ich herausgefordert werde, dann will ich auch gewinnen.
C Auf jeden Fall, sonst kann ich es mir auch sparen!
D Kommt auf den Preis an. Wenn es sich lohnt, sich dafür anzustrengen, dann auf jeden Fall.
A Nein, ich will einfach eine schöne Zeit mit meinen Freunden verbringen.

Frage 11

Von welchem Lehrer wirst du am liebsten unterrichtet?

A Professor Sprout
B Professor McGonagall
C Professor Snape
D Professor Flitwick

Welchen Buchstaben hast du am häufigsten als Antwortmöglichkeit ausgewählt? Das verrät dir, in welches Haus der Sprechende Hut dich einordnen würde. Sieh gleich nach!

AUSWERTUNG: In welches Haus gehörst du?

TYP A: Hufflepuff

Dir sind Treue und Loyalität wichtig. Du hast deine feste Gruppe an Freunden, die dir sehr wichtig ist und um die du dich kümmerst. Ab und zu lernst du gerne auch neue Leute kennen, aber am liebsten verbringst du Zeit mit den Leuten, auf die du dich verlassen kannst. Spaß steht bei dir an erster Stelle! Streiten hasst du und so richtig Gummi geben, ist auch nicht so deine Welt. Du gehst Sachen eher entspannt an und schaust, was draus wird. **Hufflepuff** freut sich auf dich!

TYP B: Gryffindor

Bei dir geht es drunter und drüber. Langeweile steht bei dir nicht im Programm, denn du stehst auf Abenteuer und Action. Du gehst nicht direkt auf Angriff, aber wenn dich jemand herausfordert, dann gibst du alles und bist sehr entschlossen, zu gewinnen. Deine Freunde und ihre Unterstützung sind wichtig für dich. Mit ihnen erlebst du deine aufregenden Abenteuer. Du bist ein wahrer **Gryffindor**!

TYP C: Slytherin

Dir geht jemand richtig auf die Nerven? Nicht mit dir, denn das lässt du nicht auf dir sitzen! Du liebst einen guten Streich an deinen Mitmenschen. Deine Meinung sagst du immer laut heraus, denn dir ist wichtig, damit etwas zu bewirken. Rumlungern kann jeder. Du und deine engen Freunde versteht euch blind, weil du fast deine gesamte Zeit mit ihnen verbringst. So ehrgeizig wie du bist, bist du zu Recht ins Haus Sytherin gekommen.

TYP D: Ravenclaw

Auf dumme Kommentare und sinnlose Gespräche hast du keine Lust. Deine Freizeit verbringst du gerne mit Freunden und etwas Kreativem. Sei es Lesen, Musik machen oder hören, malen oder experimentieren. Manchmal bist du auch gerne alleine und genießt die Ruhe. Bei Gesprächen bist du sehr aufmerksam und auch in der Schule passt du gut auf. Wenn es dir wichtig erscheint, dann lässt du dich gerne mal herausfordern und löst den Konflikt nicht mit Macht, sondern mit Wissen. Na klar, du bist ein Ravenclaw!

Hufflepuff ist seit der Gründung das einzige Haus, dessen Gemeinschaftsraum nie von einem Nicht-Hufflepuffler betreten wurde.

Die Gründerin der Zauberschule Ilvermorny in Nordamerika wollte selbst unbedingt nach Hogwarts in das Haus Ravenclaw, durfte aber nicht. Als sie dann ihre Zauberschule gründete, gestaltete sie die Schuluniform blau, inspiriert von den Hausfarben von Ravenclaw.

Man kann es sich schon fast denken: Peter Pattigrew war wie Hermine und Professor McGonagall ein Hutklemmer. Es dauerte mehr als 5 Minuten, bis der Hut sich entschied, ihn nach Gryffindor zu schicken.

Die Schulfächer

Wie du natürlich weißt, ist Hogwarts keine normale Schule, in der man Mathe, Englisch oder Chemie lernt – die Fächer sind rein auf Magie ausgelegt. Aber so spannend das auch klingen mag, die Anforderungen sind nicht geringer als in einer »normalen« Muggelschule. Hier kommen die wichtigsten Fakten zu den Lehrinhalten und den Lehrer:innen, die zu Harry Potters Schulzeit in Hogwarts unterrichten.

Fach: **ASTRONOMIE**
Lehrerin: **AURORA SINISTRA**

- Der Unterricht zum Nachthimmel mit seinen Planeten und Sternen findet nachts im Astronomieturm statt und auch die Prüfung in diesem Fach wird nicht tagsüber abgenommen.
- Prüfer sind Professor Marchbanks und Professor Tofty.
- Die Zauberschule Uagadou unterrichtet das Fach ebenfalls, wobei deren Schüler dafür bekannt sind, dass sie darin besonders gut sind.
- Dies ist das einzige Hogwarts-Fach, das es auch bei Muggeln gibt.

Fach: GESCHICHTE DER ZAUBEREI
Lehrer: CUTHBERT BINNS

- Dies ist das einzige Fach, das von einem Geist unterrichtet wird.
- Es geht um die Geschichte magischer Geschöpfe, Koboldaufstände, Hexen- und Riesenverfolgungen.
- Das Buch »Eine Geschichte der Zauberei« von Bathilda Bagshot wird für den Unterricht verwendet.
- Die Prüfung besteht nur aus Theorie.
- Viele finden das Fach sehr langweilig und der Lehrer Binns selbst schläft gerne mal ein während seines Unterrichts.

Wusstest du?

CUTHBERT BINNS blieb wahrscheinlich als Geist zurück, weil er nicht mitbekam, dass er starb: Er schlief eines Tages in hohem Alter im Klassenzimmer ein, verstarb und erschien am nächsten Morgen einfach wieder pünktlich zum Unterricht. Er schlief übrigens als Kind schon bei Gesprächen mit seinem Vater immer ein.

Fach: KRÄUTERKUNDE
Lehrerin: POMONA SPROUT

- Unterrichtet wird, welche Pflanzen es gibt, wie man sie pflegt und welchen Nutzen man aus ihnen ziehen kann.
- Der Unterricht findet in einem Gewächshaus statt, wobei die Schüler Ohrenschützer und Drachenhaut-Handschuhe tragen.
- Das Buch »Tausend Zauberkräuter und -pilze« von Phyllida Spore wird im Unterricht verwendet.
- Nach der Zeit von Harry Potter auf Hogwarts unterrichtet Neville Longbottom dieses Fach.
- Es wird auch an der Zauberschule Castelobruxo gelehrt.

POMONA SPROUT wollte nicht, dass Hogwarts nach dem Kampf mit den Todessern im 6. Teil schließen muss. Bei der Schlacht um Hogwarts nutzen sie und Neville Pflanzen, um die Todesser zu vergiften. Ihr Irrwicht ist übrigens Lord Voldemort.

Fach: VERTEIDIGUNG GEGEN DIE DUNKLEN KÜNSTE
Lehrer: QUIRINUS QUIRELL | GILDEROY LOCKHART | REMUS LUPIN | ALASTOR MOODY | DOLORES UMBRIDGE | SEVERUS SNAPE | AMYCUS CARROW (IN DIESER REIHENFOLGE)

- In diesem Fach lernen die Schüler, sich gegen magische Bedrohungen zu wehren.
- Im Vergleich zum Unterricht in diesem Fach in Durmstrang lernen die Schüler auf Hogwarts nur, sich zu verteidigen, und nicht, diese Kunst aktiv anzuwenden.
- Harry erlebte in seiner Schulzeit sieben verschiedene Lehrer in diesem Fach: Durch die Abweisung von Tom Riddle als Lehrer für Verteidigung gegen die dunklen Künste war der Lehrerposten verflucht. Jeder, der diesen Posten übernahm, blieb nur ein Jahr. Nach dem Tod von Voldemort brach der Fluch.
- In Harrys siebtem Schuljahr wird das Fach von dem Todesser Amycus Carrow übernommen und umbenannt in »Die dunklen Künste«.
- Dieses Fach wird auch an der Ilvermorny-Zauberschule gelehrt.

REMUS LUPIN ist ein Werwolf und sein Name ein Anagramm von Primus Lune, was übersetzt »der erste Mond« heißt.

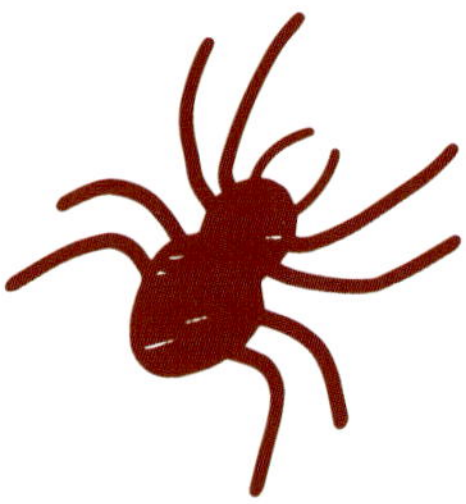

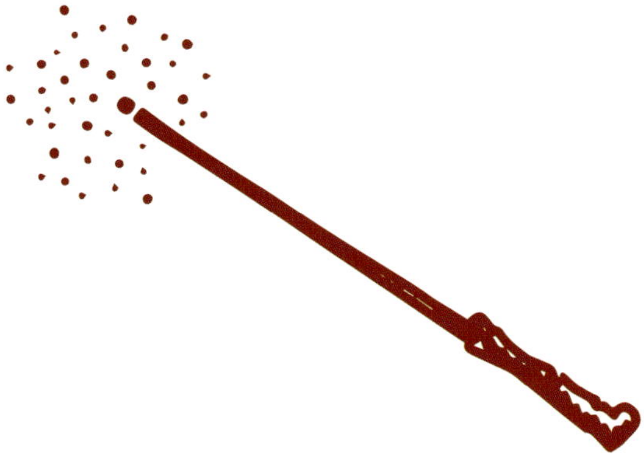

Fach: VERWANDLUNG
Lehrerin: MINERVA MCGONAGALL

- Hierin geht es um die Verwandlung von Lebewesen oder Gegenständen in andere Wesenszustände.
- Emeric Wendel ist ein bekannter Autor von Büchern für Verwandlung, seine Werke heißen »Verwandlung für Anfänger«, »Verwandlung: die Zwischenstufen« und »Lehrbuch der Verwandlung für Fortgeschrittene«
- Die Kunst des Animagus (die Verwandlung von sich selbst in ein bestimmtes Tier) ist zwar ein Thema des Unterrichts, wird den Schülern aber nicht aktiv beigebracht.
- Die Schüler lernen, dass Verwandlung Einschränkungen unterliegt: Es ist einfacher, etwas in etwas anderes zu verwandeln, wenn der neue Zustand dem alten ähnelt. Es können keine Toten wieder in Lebende verwandelt, es kann kein Essen herbeigezaubert werden. Es gilt: Je kleiner etwas ist, desto einfacher ist es, es zu verwandeln.

MINERVA MCGONAGALL hätte gerne professionell Quidditch gespielt, wenn sie keine Lehrerin geworden wäre.

Fach: ZAUBERKUNST
Lehrer: FILIUS FLITWICK

- Im Vergleich zu Verwandlung wird hier vor allem das Verhalten eines Lebewesens oder eines Gegenstands verändert, aber auch Farbe und Größe können davon betroffen sein.
- Die richtige Bewegung des Zauberstabs ist sehr wichtig und man benötigt eine Menge Vorstellungs- und Willenskraft.

FILIUS FLITWICK hatte sehr wahrscheinlich einen Vorfahren, der ein Kobold war, was seine Größe erklärt.

Fach: ZAUBERTRÄNKE
Lehrer: SEVERUS SNAPE

- Die Magie wird hier nicht, wie in den meisten Fächern, primär durch den Zauberstab erzeugt.
- Die Schüler erlernen das Besorgen der Zutaten, das Zusammenbrauen in der richtigen Reihenfolge und die korrekte Verarbeitung, also die jeweils erforderliche Temperatur, Uhrzeit und Rührrichtung.
- Die Lehrer des Zaubertrankunterrichts werden Zaubertrankmeister genannt.
- Lehrbücher für dieses Fach sind »Zaubertränke und Zauberbräue« von Arsenius Bunsen und »Zaubertränke für Fortgeschrittene« von Libatius Borage.
- Manche Zaubertränke müssen durch einen Zauberspruch vervollständigt werden, weswegen Muggel keinen Trank brauen können.

SEVERUS SNAPE stellt Harry eine sehr vielsagende erste Frage: »Was bekommt man, wenn man geriebene Aphrodilwurzel einem Wermutaufguss hinzufügt?« Wermut wird assoziiert mit Tod und Trauer und Aphrodilwurzel ist eine Lilienart. Da Harrys Mutter Lily heißt, bemerkt Snape damit indirekt, dass Harry über Lilys Tod noch immer nicht hinweggekommen ist.

Fach: MUGGELKUNDE
Lehrer: CHARITY BURBAGE

- Dieses Fach kann man ab dem dritten Schuljahr belegen, wichtig ist es aber nur für diejenigen, die später im Berufsleben etwas mit Muggeln zu tun haben wollen.
- Lehrinhalt ist die Analyse des menschlichen Verhaltens, des Alltags der Menschen und von Gegenständen, die nicht in der Zauberwelt vorkommen.
- Nachdem Charity Burbage von Voldemort ermordet wurde, wurde der Unterricht von der Todesserin Alecto Carrow übernommen, die sich rassistisch gegenüber Muggeln verhält und ein schlechtes Bild von ihnen erzeugen möchte,
- Als Lehrbuch dient »Häusliches Leben und gesellschaftliche Sitten britischer Muggel« von Wilhelm Wigworthy.

Fach: PFLEGE MAGISCHER GESCHÖPFE
Lehrer: RUBEUS HAGRID | WILHELMINA RAUE-PRITSCHE

- Der Unterricht findet im Freien statt.
- In diesem Fach lernen die Zauberschüler, wie man mit magischen Geschöpfen umgeht, was diese fressen und wie sie sich verhalten.
- Das Standardwerk ist »Phantastische Tierwesen und wo sie zu finden sind« von Newt Scamander. Ein weiteres Lehrbuch ist »Das Monsterbuch der Monster« von Edwardus Lima.
- Das Fach sollte nach J. K. Rowling eigentlich nur »Tierwesen« heißen.
- In der Zauberschule Ilvermorny wurde das Fach erst 1927 eingeführt.

RUBEUS HAGRID wurde in seinem dritten Jahr aus Hogwarts rausgeworfen, weshalb er nie einen Patronus beschwören konnte. Der Zauber ist außerdem zu komplex für ihn.

Fach: WAHRSAGEN
Lehrer: SYBILL TRELAWNEY | FIRENZE

- Lehrinhalt ist, zukünftige Ereignisse zu deuten und vorherzusehen. Dazu gehört Kristallkugel lesen, Astrologie, Teesatz lesen, Heptomologie (eine Mischung aus Hellsehen und Numerologie), Traumdeutung, Handlesen und Kartenlegen.
- Eigentlich sollte Wahrsagen nach J. K. Rowling ab Klasse 1 ein obligatorisches Fach werden.
- Dumbledore wollte das Fach abschaffen, nachdem aber Sybill Trelawney eine richtige Vorhersage zu Harry Potter gemacht hat, entschied er sich um.
- Die Lehrbücher für dieses Fach sind »Das Traumorakel« von Inigo Imago und »Entneblung der Zukunft« von Kassandra Wablatschki.

SYBILL TRELAWNEY war selbst ein Ravenclaw und Teil des Slug-Clubs, da sie eine extrem gute Schülerin war.

Fach: ALTE RUNEN
Lehrerin: BATHSHEDA BABBLING

- Das ist die Lehre von altgermanischen Schriftzeichen, die auf magischen Gegenständen zu finden sind, z. B. auf dem Denkarium.
- Das Runenalphabet heißt Futhark.
- Es gibt fünf Lehrbücher zu dem Fach: »Alte Runen leicht gemacht«, »Fortgeschrittene Runenübersetzung«, »Magische Hieroglyphen und Logogramme«, das »Runenwörterbuch« und »Spellmans Silbentabelle«

Fach: ARITHMANTIK
Lehrerin: SEPTIMA VEKTOR

- Der Name dieses Fachs setzt sich zusammen aus Rechnen (Arithmetik) und Wahrsagen (Mantik), und genau das ist auch der Inhalt.
- Septima Vektor ist die Lieblingslehrerin von Hermine.

Fach: BESENFLUG
Lehrer: ROLANDA HOOCH

- Besenflugstunden erhalten alle Erstklässler.
- Da das Mitbringen von eigenen Besen verboten ist, bekommen die Schüler Schulbesen ausgeliehen, die allerdings nicht im besten Zustand sind.
- Ab dem zweiten Schuljahr dürfen die Schüler alleine fliegen und die Nutzung von privaten Besen ist gestattet.

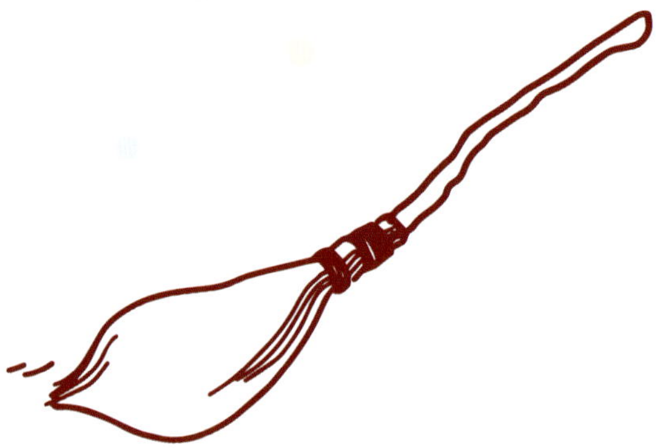

Die Zusammenstellung der Fächer ändert sich je nach Jahrgang.
Ab dem ersten Jahr gibt es die sieben Kernfächer:

- Astronomie
- Geschichte der Zauberei
- Kräuterkunde
- Verteidigung gegen die dunklen Künste
- Verwandlung
- Zaubertränke
- Zauberkunst

Das Fach „Fliegen" ist nur im ersten Schuljahr Pflicht und kann ab dem zweiten Jahr abgewählt werden.

Erst ab dem dritten Jahr kommen die anderen Fächer als Wahlfächer hinzu.

Im fünften Jahr gibt es ZAGs in jedem Kernfach. Die ZAGs sind Prüfungen zur Erlangung eines allgemeinen Zauberergrads. Sie bestehen aus einem praktischen und einem theoretischen Teil. Besteht man diese Prüfung, ist man »Zauberer allgemeinen Grades«. Und wenn die ZAG-Note gut genug ist, kann man das Fach ab dem nächsten Jahr freiwillig weiter belegen.

Ab dem sechsten Jahr gibt es keine Pflichtfächer mehr, sondern die Fächer werden je nach Berufswunsch gewählt. Aber auch hier gibt es eine Besonderheit: Es sind keine einheitlichen Mindestnoten definiert, um im sechsten Jahr die Fächer weiter belegen zu können. Die Mindestanforderung dafür variiert von Fach zu Fach und wird von den Lehrer:innen selbst bestimmt.

REZEPT:

Hagrids Geburtstags-Schokokuchen für Harry

Wie wir wissen, kann Hagrid den Namen von Voldemort nicht buchstabieren. Deswegen ist es kein großes Wunder, dass er auch den Schriftzug für diesen Kuchen nicht korrekt schreiben kann. Aber hey, Hauptsache, der Kuchen kommt von Herzen, oder?! Superlecker ist er in jedem Fall!

Für die Buttercreme-Deko:

300 g Butter
200 g (TK-)Erdbeeren
1 Pck Vanillepuddingpulver
400 ml Milch
2 EL Zucker
100 g Puderzucker
Lebensmittelfarbe in Grün, optional in Rot

Für den Teig:

200 g Butter
200 g Zartbitterschokolade, gehackt
300 g Mehl
2 EL Backpulver
300 g Zucker
40 g Backkakao
250 ml Milch
3 Eier

Für die Buttercreme-Deko:

1. Zunächst die Butter aus dem Kühlschrank nehmen und Zimmertemperatur annehmen lassen – das ist ganz wichtig! Wenn du TK-Erdbeeren verwendest, diese in einem Sieb auftauen lassen. Frische Erdbeeren vorsichtig waschen und abtropfen lassen.
2. Dann das Puddingpulver mit 3–4 EL der hier angegebenen Menge Milch und dem Zucker verrühren; die übrige Milch zum Kochen bringen, das Pulver einrühren und aufkochen lassen. Die fertige Puddingmasse mit Frischhaltefolie abdecken und bei Zimmertemperatur abkühlen lassen.
3. Wenn der Pudding Zimmertemperatur erreicht hat, die weiche Butter mit dem Puderzucker hell aufschlagen. Den Pudding Löffel für Löffel unterrühren, bis eine homogene Masse entstanden ist. 1/3 der Buttercreme in eine andere Schüssel umfüllen.
4. Die Erdbeeren pürieren und in 2/3 der Buttercreme einrühren, optional noch ein wenig rote Lebensmittelfarbe hinzufügen.
5. Die restlichen 1/3 der Creme mit der grünen Lebensmittelfarbe einfärben und beide Cremeportionen in den Kühlschrank stellen.

Für den Kuchen:

1. Die Butter mit der Schokolade über einem Wasserbad schmelzen und abkühlen lassen.
2. Den Backofen auf 160 °C (Ober-/Unterhitze) vorheizen.
3. Das Mehl mit dem Backpulver, dem Zucker und dem Backkakao vermischen. Erst die Milch und dann die Eier nach und nach unterrühren.
4. Zum Schluss die abgekühlte Schoko-Butter-Masse unterrühren.
5. Den Teig in eine eingefettete Springform geben und im heißen Ofen für 50 Min. backen.
6. Den Kuchen aus dem Ofen holen und abkühlen lassen, dann vollflächig mit der roten Buttercreme bestreichen.
7. Die grüne Buttercreme in einen Spritzbeutel füllen und damit »Happee Birthdae Harry« auf den Kuchen schreiben

J. K. Rowling brauchte fünf Jahre, um zu entscheiden, welcher Charakter in ihrer Geschichte welche Fähigkeiten und welche Schwächen hat.

Der vollständige Name von Dumbledore lautet Albus Percival Wulfric Brian Dumbledore. Außerdem hat der Professor auf dem Knie eine Narbe in Form der Londoner U-Bahn Linien.

Lord Voldemort ist deswegen böse, weil die Mutter seinem Vater einen Liebestrank verabreichte: Kinder, deren Eltern einen Liebestrank eingenommen haben, können selbst nicht lieben.

Der sprechende Hut besitzt Wissen über alle Hogwarts-Gründer und beherrscht Legilimentik, um die Kinder in die Häuser einzuteilen. Mit Legilimentik kann man die Gedanken anderer Personen lesen sowie in ihre Erinnerungen und Gefühle der Vergangenheit blicken. (Durch Okklumentik kann man sich übrigens gegen diese Angriffe wehren und sie abhalten.)

Ursprünglich schrieb man das Buch »Die Märchen von Beedle dem Barden« in alten Runen.

Zauberstäbe

Der Zauberstab gehört zur Grundausstattung, zum Starterkit, das in allen guten Zaubererhaushalten zu finden ist. Jede Hexe und jeder Zauberer besitzen ihn. Er ist jedoch kein Produkt von der Stange. Kein Zauberstab gleicht dem anderen und sie werden individuell unter anderem von Ollivander, dem begnadeten Zauberstabmacher gefertigt. Dabei unterscheiden sie sich in Form, Holz, Kern, Länge und Flexibilität. Der wichtigste Bestandteil eines Zauberstabs ist der Kern. Wusstest du, dass nur drei verschiedene Materialien für Ollivander in Frage kommen? Dazu gehören Drachenherzfaser, Einhornhaar und Phönixfeder. Nur sie sind wertvoll genug, um einen Zauberstab zu einem guten Zauberstab zu machen. Natürlich ist nicht nur der Kern ein wichtiger Bestandteil, sondern auch das Holz, aus dem er gefertigt wird. Nur wenige Bäume bringen geeignetes Holz für Zauberstäbe hervor und es braucht sehr viel Erfahrung, um zu erkennen, welcher Baum tauglich ist.

Baumarten wie Erle, Buche, Kirsche und Ebenholz gehören zu den Zauberstabbäumen, wobei nicht jeder Baum dieser Art in Frage kommt. Einen deutlichen Hinweis für die Brauchbarkeit ist, wenn magische Geschöpfe, wie Bowtruckles, das Gehölz besetzen.

Da liegt die Idee nahe, sich einfach das passende Holz herzuzaubern. Leider funktioniert das nicht: Die Materialien für einen Zauberstab dürfen nie mit einem anderen Zauberstab eingesammelt werden – alles muss per Hand zusammengetragen werden.

Dich hat sich ein langer Zauberstab ausgesucht? Dann mach dich auf Abenteuer gefasst: Meistens wählen längere Exemplare Hexen oder Zauberer aus, die für Großes bestimmt sind!

Bei Zauberstäben gibt es keine Einheitsgröße, sondern der Durchschnitt liegt zwischen 9 und 14 Zoll. Und wie wir natürlich alle wissen: Nicht der Meister sucht sich den Stab aus, sondern der Stab sucht sich den Meister aus. So ist es kaum verwunderlich, dass sich Ollivander an jeden Stab erinnern kann, den er jemals verkauft hat.

Unzerstörbar, oder?

Auch wenn Zauberstäbe ein machtvolles Instrument sind, so sind sie nicht gerade hart im Nehmen. Wie Harry und Ron am eigenen Leib erfahren müssen, gehen Zauberstäbe schnell kaputt. Zerbrechen ist eine Variante, die andere ist Sterben: Tatsächlich sterben Zauberstäbe wie Lebewesen, wenn sie überlastet werden. Das passiert dann, wenn der Besitzer (oder ein anderer Magier) so viel zaubert, dass er die gesamte Magie verbraucht, die der Stab in sich trägt, sodass er sich letzten Endes einem weiteren Gebrauch verweigert.

Ist ein Zauberstab erst einmal gestorben oder zerstört, ist es nicht mehr möglich, ihn zu reparieren oder zu reanimieren. Es gibt dann nur noch eine einzige Möglichkeit: eine Reparatur durch den Elderstab. Der Elderstab ist der einzige Zauberstab, der ausreichend Macht besitzt, um einen bereits zerstörten Zauberstab in seinen Originalzustand zurückzuversetzen. Wie den meisten wahrscheinlich bekannt ist, gehört der Elderstab zu den Heiligtümern des Todes. Eine seiner Besonderheiten: Er ist der einzige Stab, dessen Kern aus Thestralhaar besteht. Man ist sich nicht sicher, ob das Thestralhaar die Ursache für die Reparaturfähigkeiten des Elderstabs ist, aber es ist erst einmal eine schlüssige Theorie.

Zauberstäbe sind schlau

Der Kern, das Herz eines Zauberstabs, bestimmt, wie schnell ein Zauberstab lernt oder wie das Zaubern mit ihm funktioniert. Zauberstäbe aus Drachenherzfaser sind beispielsweise dafür bekannt, dass sie schneller lernen als andere. Sie haben aber auch die Neigung, sich eher den Dunklen Mächten zuzuwenden. Als gutes Beispiel dient Lucius Malfoy, dessen Zauberstabkern aus Drachenherzfaser besteht. Im Umkehrschluss bedeutet es jedoch nicht, dass jeder Besitzer eines Stabes mit Drachenherzfaserkern ein dunkler Magier ist. Denn Zauberstäbe passen sich ihren Besitzern und deren Charakter an: Jeder Zauber, jede Nutzung, jeder Zauberspruch sorgt dafür, dass sie dazulernen. Und nicht nur in seinem Naturell kann sich der Stab seinem Besitzer anpassen, sondern auch in der Optik.

Was haben echte Zauberstäbe und echte Brillen gemeinsam? Ihre Zerbrechlichkeit! Daniel Radcliffe zerbrach während der gesamten Drehzeit 80 Zauberstäbe und 160 Brillen.

Look and Feel

Ein Regenbogen-Zauberstab für Lord Voldemort? Wohl kaum! J. K. Rowling hatte von Anfang an genaue Vorstellungen, wie die Zauberstäbe die einzelnen Charaktere ergänzen. So passen die Zauberstäbe des goldenen Trios laut keltischem Kalender zu den Geburtsdaten von Ron, Hermine und Harry. Ein Beispiel: Hermines Zauberstab ist aus Weinreben, die im keltischen Kalender vom 2.–29. September gelten. So passt das Gehölz perfekt zu ihrem Geburtstag am 19. September.

Aber auch der Zauberstab von Lord Voldemort hat eine Bedeutung: Sein Stab besteht aus dem Holz der Eibe, welche häufig auf Friedhöfen zu finden ist und bekannt ist unter dem Namen »Baum des Todes«.
Das passt zu den vielen Morden, die Voldemort begangen hat – aber auch dazu, dass er am Ende selbst stirbt.

Zaubersprüche

Was darf in keinem Buch über Magie fehlen? Richtig, die Zaubersprüche! In den einzelnen »Harry Potter«-Büchern werden zahlreiche magische Formeln genutzt, und *tatsächlich werden es von Buch zu Buch mehr: Sind es in »Harry Potter und der Stein der Weisen« nur sieben Sprüche, findet man in »Harry Potter und die Heiligtümer des Todes« ganze 128 Zaubersprüche!*

Die am häufigsten verwendeten sind »Accio« und »Expecto Patronum«. Die meisten Zauberer schaffen es jedoch nicht, einen Patronus zu zaubern. Das liegt daran, dass der Patronus-Zauber ein sehr starker Zauber ist, der nur mit einer wirklich glücklichen Erinnerung funktioniert. Der Patronus erscheint immer in einer Tiergestalt und es ist ihm sogar möglich, sich in ein anderes Tier zu verwandeln oder sich einer Person anzupassen. Der Patronus von Snape beispielsweise ist wie Lilly Potters Patronus eine Hirschkuh. Und der Patronus von Tonks verwandelt sich von einem Hasen in einen Wolf, nachdem sie Remus Lupin kennenlernt.

Der Zauberspruch »Avada Kedavra« ist Altarmenisch und bedeutet übersetzt: »Ich zerstöre, wie ich spreche«.

Das grosse Zaubersprüche-Quiz

Teste dein Wissen über die geheimnisvollen Zaubersprüche aus dem »Harry Potter«-Universum! Die richtigen Antworten ankreuzen bzw. auf der vorgesehenen Linie eintragen. **Die Lösungen findest du auf S. 66.**

1.

Wie lautet der Gegenzauber für »Alohomora«?

....

2.

Was für ein Zauberspruch ist »Diffindo«?

A Verwirrungszauber
B Trennt Dinge voneinander oder reißt sie auf.
C Richtet Dinge auf.
D Lässt Dinge explodieren.

3.

Welcher Fluch lässt die Zunge des Gegners am Gaumen festkleben?

....

4.

Welchen Zauberspruch nutzt man, um seine Stimme zu verstärken?

....

5.

Was passiert bei Anwendung des Zauberspruchs »Densaugeo«?

A Zähne wachsen.
B Menschen oder Dinge schweben.
C Dinge werden versteinert.
D Dinge werden aufgerichtet.

6.

Was geschieht mit der Person, die von dem Zauberspruch »Levicorpus« getroffen wird?

....

7.

Welcher Zauberspruch macht jegliche Oberflächen wasserabweisend?

A Glisseo
B Impervius
C Incarcerus
D Tergeo

8.

Wie heißt der Zauberspruch, mit dem man Essen herbeizaubern kann?

....

9.

Was passiert durch den Zauberspruch „Rennervate“?

....

10.

Welcher Zauberspruch befreit Menschen aus Fesseln und aus dem Griff des Gegners?

....

Auflösung

1: »Colloportus«, verschließt Fenster und Türen. | 2: B | 3: Der Langlock-Fluch. | 4: »Sonorus« | 5: A | 6: Sie wird kopfüber in der Luft aufgehängt. | 7: B | 8: Es gibt keinen. Man darf kein Essen zaubern. | 9: Belebt bewusstlose Menschen | 10: »Relaschio«

Magisches Reisen

Wer an Harry Potter denkt, hat automatisch den beeindruckenden roten Hogwarts-Express vor Augen. Bevor aber der Zug die Kinder nach Hogwarts brachte, reisten sie ganz individuell an – z. B. mit dem Besen, mittels Apparieren, mithilfe von Flohpulver oder via Portschlüssel. Vor allem das Reisen mit Portschlüsseln war mehr als chaotisch, da viele die Portschlüssel verpassten oder durch das Reisen mit ihnen krank wurden. Da loben sich Harry und seine Freunde doch den komfortablen Hogwarts-Express!

Auf einem Besen Fliegen

Der Klassiker, wenn Hexen und Zauberer sich fortbewegen – zumindest in den meisten Kinderbüchern. Das liegt daran, dass die Magier ein Fluggerät brauchen, das immer und überall unauffällig ist. Und es muss etwas sein, was auch in ärmeren Haushalten zu finden ist. Ein Besen, unscheinbar in der Ecke stehend, gehört immer schon in die kleinste Hütte und bietet sich darum an. Und auch Harry Potter lernt zu Beginn seiner Schullaufbahn das Fliegen auf einem dieser Flugobjekte.

Grundsätzlich gibt es, wie bei Autos, verschiedene Besenmarken bzw. -modelle, die unterschiedliche Bedürfnisse befriedigen: Manche werden als einfache Familienbesen benutzt, andere eignen sich hervorragend für Quidditch oder Langstreckenflüge.

Harrys erster Besen ist ein Spielzeugbesen, den er als Kind von seinem Paten Sirius Black geschenkt bekommt. Und sein bekanntester Besen ist der Nimbus 2000, der damalige Star unter den Rennbesen, erschienen im Jahr 1992. Lucius Malfoy stattete das gesamte Slytherin-Quidditch-Team mit diesem Modell aus, woraufhin sein Sohn Draco Sucher des Teams wurde.

Der Nimbus 2000 und seine Nachfolgemodelle

Im späten 20. Jahrhundert war die Nimbus Racing Broom Company mit ihren Spitzenprodukten, den Modellen Nimbus 2000 und 2001, die führende Rennbesenmarke. Diese Besen übertrafen alle anderen Besen der Spitzenklasse um den Faktor drei zu eins. Leider hielt der Erfolg dieser beiden

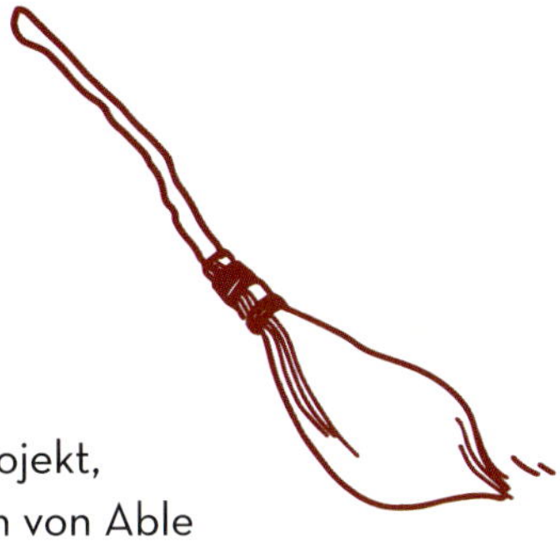

Besen-Modelle nur kurz an – der Firebolt übertrumpfte sie schon innerhalb von zwölf Monaten nach seiner Einführung.

Der Firebolt/Feuerblitz

Der Firebolt war ein streng geheimes Entwicklungsprojekt, das von Randolph Spudmore geleitet wurde. Als Sohn von Able Spudmore, Mitinhaber der Besenfabrik Ellerby und Spudmore, hatte er bereits die Kreation des Tinderblast und des Swiftstick mitbekommen, die beide gute Besen waren, aber nie besonders populär wurden. Randolph Spudmore war der Erste, der die Eisenarbeiten an den Besen (Fußstützen, Ständer und Zweigbänder) von Kobolden fertigen ließ. Diese Herstellungsart gibt dem Feuerblitz bei widrigem Wetter zusätzliche Stabilität und Widerstandsfähigkeit und einen extrem sicheren Fußhalt, der besonders für Quidditch-Spieler von Vorteil ist. Der Besen ist zudem äußerst präzise in der Steuerung, beschleunigt innerhalb von 10 Sek. von Null auf die Höchstgeschwindigkeit von über 250 km/h und ist mit einem Brems-Zauber ausgestattet. Heutzutage gehören diese Brems-Zauber zur Standardausstattung von fliegenden Besen aller Art.

Der außergewöhnlich schlanke Stiel des Feuerblitzes, auf dem eine goldene Seriennummer prangt, wird aus poliertem Ebenholz gefertigt. Der Schweif besteht aus vollkommen glatten, stromlinienförmig gestutzten Ästen, wahlweise Birke oder Haselnuss: Birke hat den Vorteil, bei steilen Anstiegen mehr »Gas« geben zu können, während Haseläste eine sehr präzise Lenkung unterstützen.

Der Feuerblitz ist mit einem Preis von 500 Galleonen ein relativ teurer Besen und Harry Potter gehörte zu den ersten, der einen besaß. Sein hoher Preis liegt an seiner kleinen Produktionsmenge, aber auch an den patentierten Eisenarbeiten. Durch die Streikfreudigkeit der mitwirkenden Kobolde kommt die Produktion immer wieder zum Erliegen.

Harry Potter erhält den Feuerblitz als Weihnachtsgeschenk von einem anonymen Gönner, nachdem sein Nimbus 2000 von der Peitschenden Weide in einem Quidditch-Spiel gegen Hufflepuff zerstört wurde. Von da an ist der Feuerblitz bei jedem Quidditch-Spiel sein treuer Begleiter und auch während der ersten Aufgabe des Trimagischen Turniers kommt er zum Einsatz.

Seinen Feuerblitz verliert Harry Potter während der Schlacht der »sieben Potters«, als er vom Ligusterweg zu einem neuen abgesicherten Quartier unterwegs ist. Unklar bleibt, ob er sich nach der Schlacht um Hogwarts nochmals einen Besen kauft.

Man findet bei diesem Thema ein paar Widersprüche zwischen den Büchern und den Verfilmungen: Den Büchern zufolge soll Harrys Besen »perfekt glatte, stromlinienförmige Birkenzweige haben, die den Schwanz bildeten«. In den Filmen sieht er jedoch zerlumpt und älter aus. Außerdem kommt der Besen im Film erst kurz vor Ende der Geschichte nach Blacks Flucht vor, während er in den Büchern ein anonymes Weihnachtsgeschenk war.

Apparieren und Disapparieren

Ist gerade kein Besen zur Hand? Dann ist das Apparieren eine weitere Möglichkeit, sich von Ort zu Ort zu bewegen – jedoch nur für volljährige Hexen und Zauberer, da diese Methode nicht ganz einfach ist. Mit der Volljährigkeit, die in der magischen Welt schon mit siebzehn Jahren erreicht ist, kann von der dafür zuständigen Behörde des Zaubereiministeriums überprüft werden, ob man den Apparier-Zauber sicher und zielgenau beherrscht. Wenn dem so ist, bekommt man einen „Apparier-Führerschein", also eine Lizenz dafür, und erst mit dieser Lizenz ist es offiziell erlaubt, auf diese Art und Weise zu reisen. Für die Anwendung des Apparier-/Disapparier-Zaubers ist ein Zauberstab notwendig, wobei dieser jedoch nicht in vorgeschriebener Weise bewegt werden muss.

Das Apparieren klingt zwar bequem, ist aber nicht wirklich einfach. Denn die Gefahr ist groß, dass man beim Apparieren »zersplintert«, d. h. einen Teil von sich selbst zurücklässt. Zusammengefügt werden kann man dann nur noch mit fremder Hilfe. Ron verlor beispielsweise während seiner Apparier-Prüfung seine halbe Augenbraue.

Laut dem Britischen Zaubereiministerium benötigt man fürs Apparieren folgende Dinge:

- **ein Ziel (Destination),**
- **Willen (Determination)**
- **und Bedacht (Deliberation).**

Wichtig ist, sich auf das Ziel zu konzentrieren, ruhig zu bleiben und sich den Ort, an den man möchte, visuell vorzustellen. Zusammengefasst nennt man dies die »Goldene Dreierregel«.

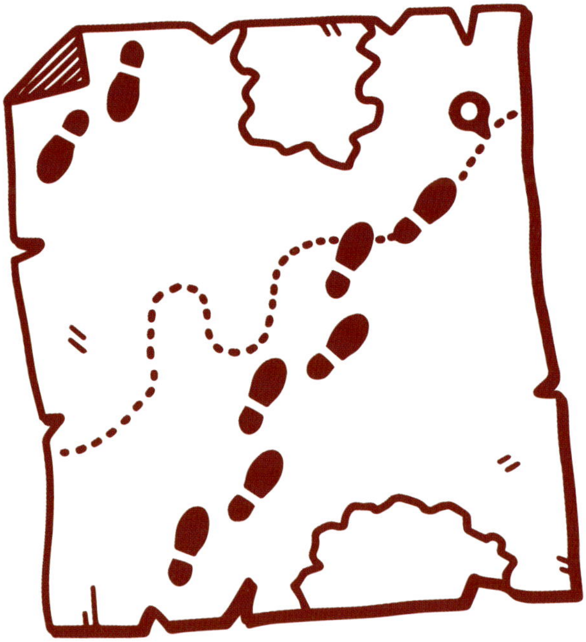

Das Apparieren hat eine Reichweitenbeschränkung und wird mit zunehmender Entfernung immer schwieriger und auch gefährlicher. Vom interkontinentalen Apparieren wird deshalb abgeraten und es sollten nur extrem erfahrene Zauberer durchführen.

Aus Sicherheitsgründen sind viele magische Orte, wie das Britische Zaubereiministerium-Hauptquartier, das Französische Zaubereiministerium-Hauptquartier, das Woolworth-Gebäude (Hauptquartier des Magischer Kongress der Vereinigten Staaten von Amerika), die Kristallhöhle, das Schloss Nurmengard, Askaban, Hogwarts und der Keller im Landsitz der Familie Malfoy gegen das Apparieren geschützt. So kann niemand direkt dorthin apparieren, aber auch nicht von dort disapparieren.

Mit Flohpulver reisen

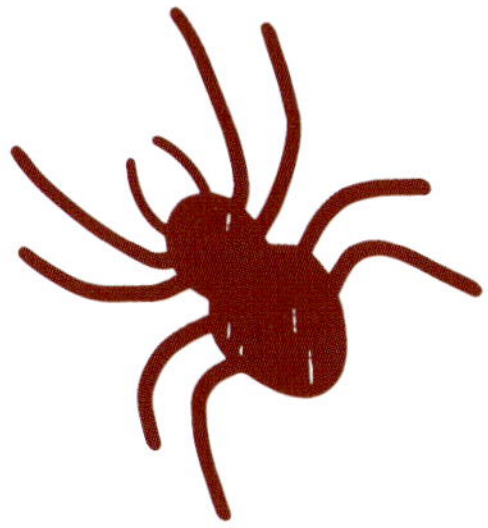

Flohpulver ist ein glitzerndes Pulver, das von Hexen und Zauberern zum Reisen genutzt wird. Erfunden wurde es vor über 700 Jahren von der Hexe Ignatia Wildsmith. Es funktioniert ganz einfach: Man wirft eine Prise des Pulvers in ein Kaminfeuer, sodass dieses grün aufleuchtet. Dann kann man in den Kamin treten und zu jedem weiteren Kamin, der an das Flohnetzwerk angeschlossen ist, reisen. Tatsächlich ist fast jeder Haushalt der magischen Welt an das Flohnetzwerk angeschlossen. Ein solcher Anschluss bedarf jedoch der Genehmigung des Zaubereiministeriums, genauer der Abteilung für Magisches Transportwesen.

Bei dieser Reisemethode ist es wichtig, den Ort laut und deutlich auszusprechen. Das klingt einfach, aber gerade für Anfänger ist das eine große Herausforderung. Hitze, Asche und Panikgefühl führen häufig dazu, dass der Zielort undeutlich ausgesprochen, genuschelt oder durch Hustgeräusche missverständlich wird und die Person an einem völlig anderen Ort ankommt.

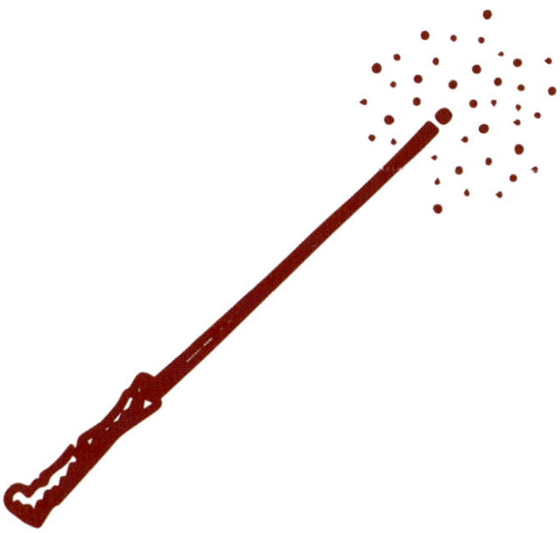

Mit Portschlüsseln reisen

Portschlüssel transportieren eine oder auch mehrere Personen an ein vorher bestimmtes Ziel.

Mit dem Zauberspruch »Portus« kann ein beliebiger Gegenstand in einen Portschlüssel verwandelt werden. Dieser leuchtet, während er verzaubert wird, kurz blau auf, sieht dann aber sofort wieder völlig unauffällig aus. Manche Portschlüssel liegen öffentlich herum – beispielsweise auf einer Straße. Damit sie möglichst unattraktiv sind und Muggel sie nicht anfassen, werden besonders eklige oder unansehnliche Gegenstände gewählt, etwa zerknüllte alte Zeitungen, kaputte Autoreifen oder ähnliches.

Um Missbrauchsfälle zu verhindern, darf nicht jeder einen Portschlüssel herstellen. Geregelt wird deren Herstellung in der Abteilung für Magisches Transportwesen des Zaubereiministeriums, und zwar im sogenannten Portschlüssel-Büro, das entsprechende Genehmigungen ausstellt. Nur wer eine Autorisierung von dieser Stelle erhält, darf den Portus-Zauber durchführen.

Zug fahren

Wenn Hexen und Zauberer Zug fahren, nutzen sie natürlich keine gewöhnlichen Züge, sondern welche, die für Magier vorgesehen sind. Der berühmteste Zug in der magischen Welt ist sicher der Hogwarts-Express.

Der Hogwarts-Express

Tatsächlich wurde der Hogwarts-Express nicht nur mit Hilfe von Magie geschaffen, sondern auch durch die technischen Arbeiten von Muggeln. 167 normale Menschen arbeiteten am Bau der Eisenbahn. Was natürlich ein Problem mit der Geheimhaltung mit sich brachte. Um dem entgegenzutreten, musste das Zaubereiministerium 167 Erinnerungszauber einsetzen, um die Erinnerungen der Arbeiter zu »reparieren«.

Und auch heute noch, also lange nach der Einweihung des Hogwarts-Express, ist das Zaubereiministerium gezwungen, am Bahnhof für Ordnung zu sorgen: Am Bahnhof King's Cross patrouillieren in der Regel Mitarbeiter des Ministeriums in Zivil am Bahnsteig, um die Erinnerungen von Muggeln zu »korrigieren«. Da die Schüler zwischen Gleis 9 und 10 wechseln müssen, um zum Hogwarts-Express zu gelangen, kommt es immer wieder zu Zauberer-Fauxpas. Es gibt etwa Schüler, die beißende Zauberbücher fallen lassen oder Zutaten für Zaubertränke verschütten. Das wird schnell von verkleideten Ministeriumsmitglie-

dern korrigiert, indem Erinnerungszauber durchgeführt werden – und schon erinnert sich niemand mehr an Bücher, die Bisswunden hinterlassen haben …

In den Filmen zieht die rote Lokomotive des Hogwarts-Express einen Zug, der aus vier (später fünf) British Rail Mark 1-Wagen besteht. Man sieht ihn in Szenen am Bahnhof King's Cross, am Glenfinnan-Viadukt und bei der North Yorkshire Moors Railway. Eine »Olton Hall« aus dem Jahr 1937 bildet die Basis der Lokomotive mit einem »Hogwarts Express«-Kopfteil auf der Rauchkammer und mit dem Wappen der Hogwarts-Schule. Das gleiche Emblem ist Teil des Siegels der »Hogwarts Railways« auf dem Tender und den Waggons. Es behielt seine GWR-(Great Western Railway-)Nummer 5972 bei, aber mit alternativen Typenschildern, die den Motor als »Hogwarts Castle« bezeichnen.

Standardmäßig und traditionell sind GWR-Lokomotiven grün, »Olton Hall« hat aber eine purpurrote Lackierung erhalten.

Mittlerweile wird die Lokomotive bei der Warner Bros. Studio Tour in London ausgestellt, bis der Mietvertrag von Warner Bros. für die Lok von West Coast Railways ausläuft. Drei originalgetreue Nachbildungen der Lokomotive »5972 Hogwarts Castle« befinden sich in The Wizarding World of Harry Potter (Universal Orlando Resort, Florida): zwei als Teil des »Hogwarts Express Ride« und einer in der Ausstellung in Hogsmeade. Weitere Modelle stehen an den anderen Standorten des Themenparks in Hollywood und Japan.

Der Hogwarts-Express hat einen extremen Wiedererkennungswert – jeder verbindet den mächtigen roten Zug mit den »Harry Potter«-Geschichten. Und so eignet er sich natürlich perfekt als Werbeträger und -maskottchen. Um für das vierte Buch zu werben, wurde eine alte Dampflok aus der West Country Class der Southern Railway namens »Taw Valley« purpurrot lackiert und mit dem Typenschild des Hogwarts-Express versehen. So verschönert wurde sie dem Regisseur Chris Columbus vorgeführt, der sie für seine Verfilmung aber ablehnte: Für seinen Geschmack sah sie noch zu modern aus.

Keine Hogwarts-Express-Fahrt ohne Gepäckwagen!

Was ist genauso wichtig wie der Bahnsteig 9 3/4? Genau: der Gepäckwagen, mit dem man durch die Mauer zur Plattform rennt. Tatsächlich ist die Requisite gar keine besondere Anfertigung, sondern ein ganz normales Modell der Firma Expresso in Kassel. Wer möchte, kann so einen Gepäckwagen sogar für sich selbst ordern! Er kommt daher mit einem »Harry Potter«-Aufkleber, auf dem »Expresso Patronum – der Gepäckwagen zum magischen Gleis« steht. Das Wortspiel bezieht sich auf den Zauberspruch »Expecto Patronum«.

Geliefert wurde der Gepäckwagen mit einem solchen Aufkleber auch schon in die USA und nach Saudi-Arabien. An deutschen Bahnhöfen aber werden diese Modelle kaum mehr genutzt: Wegen ihrer Leichtbauweise aus Aluminium drohen sie, von vorbeifahrenden Schnellzügen weggeblasen zu werden. Live anschauen kann man sich die Gepäckwagen aus Kassel zumindest jederzeit in den »Harry Potter«-Museen.

Viele der Todesser benutzten während der Filmversion der Schlacht der sieben Potters Besen, obwohl scheinbar alle von ihnen die Fähigkeit besaßen, in Rauch oder mit Magie fliegen zu können.

Der Begriff des Disapparierens und Apparierens kann vom engl. *to disappear* = verschwinden und *to appear* = erscheinen abgeleitet werden.

Apparieren kann ein hörbares Geräusch verursachen, das man als leisen Knall wahrnimmt oder als ein lauteres Knacken.

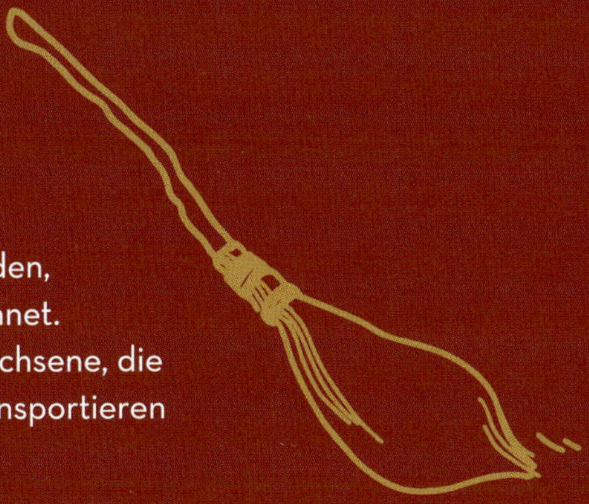

Eine praktische Variante des Apparierens, mit der zwei oder mehrere Personen gleichzeitig transportiert werden, wird als Seit-an-Seit-Apparieren bezeichnet. Das ist besonders zweckmäßig für Erwachsene, die minderjährige Zauberer oder Hexen transportieren möchten.

Hauselfen haben die Besonderheit, dass sie überall hin apparieren können, wo Zauberer und Hexen keine Apparier-Möglichkeit haben, wie beispielsweise in das Schloss Hogwarts.

Wenn man das Feuer mit dem Flohpulver zu lange brennen lässt, ohne es zu nutzen, kann eine Aschwinderin erzeugt werden. Das ist eine Art Schlange, die unter Umständen das Haus abbrennen lässt.

Flohpulver funktioniert auch als Telefonleitung: Der Nutzer kann ein Gespräch führen, indem er seinen Kopf in den mit Flohpulver präparierten Kamin steckt.

Mit Flohpulver reist man schneller als mit dem Flugbesen, aber langsamer als beim Apparieren. Das Praktischste an dieser Methode: Im Gegensatz zum Apparieren benötigt man keine Lizenz, um im Flohnetzwerk zu reisen.

Es gibt nur ein Unternehmen in Großbritannien, welches Flohpulver herstellt, und das heißt »Floh-Pu«. Die genaue Zusammensetzung ist ein streng gehütetes Geheimnis. Natürlich haben schon einige versucht, das Pulver selbst herzustellen, aber das ist sehr gefährlich, da man schwere Verbrennungen erleiden kann.

Einmal wurde der Besen eines Schiedsrichters der Quidditch-Weltmeisterschaft als Portschlüssel verzaubert. Der Besen transportierte den Zauberer daraufhin in die Wüste.

Es gibt nicht nur das Gleis 9 3/4, sondern auch ein Gleis 7 1/2, von dem aus etwas Ähnliches wie der Orient-Express seine Passagiere in verschiedene Städte Europas bringt. Anscheinend fahren also mehrere Zauberzüge von Muggelbahnhöfen ab!

Leider verlief das filmische Dasein des Hogwarts-Express nicht immer problemfrei. Während der Dreharbeiten zu »Harry Potter und der Gefangene von Askaban« mussten die Dreharbeiten für mehrere Tage eingestellt werden, nachdem der Zug mutwillig zerstört worden war: Vandalen hatten Graffiti auf den Zug gesprüht, die Schäden beliefen sich auf rund 3.000 Pfund. Und im März 2007, nachdem die Dreharbeiten zu „Harry Potter und der Orden des Phönix“ abgeschlossen waren, haben Unbekannte 337 der gehärteten Fenster des Zuges mit Hämmern eingeschlagen. Dieser Schaden war mit 50.000 Pfund um ein Vielfaches größer und erforderte einen Monat Reparaturarbeiten.

Die Winkelgasse

Die Winkelgasse ist die quasi die Shoppingmeile in den »Harry Potter«-Büchern. Hier gibt es alles, was man als Hexe oder Zauberer benötigt: von Flohpulver über Second-Hand-Besen bis zu einem Kredit bei der magischen Bank Gringotts. Gebaut wurde die Winkelgasse im 16. Jahrhundert, heute beherbergt sie 32 Läden – zumindest sind uns nicht mehr bekannt. Der Name ist wohl eine Anspielung auf den Verlauf der Straße, von der die Nokturngasse abzweigt.

Gringotts war eines der ersten Gebäude, das an der Straße errichtet wurde, und ist der zentrale Punkt der Winkelgasse. Genau wie die geheime Bahnhofplattform ist auch die Winkelgasse nicht ganz einfach zu erreichen: Man benötigt Magie und reist über das Flohnetzwerk, durch Apparieren oder über ein magisch zu öffnendes Portal im Hinterhof des alten Pubs »Zum Tropfenden Kessel«.

Eigentlich ist das Einkaufsviertel nur Hexen und Zauberern zugänglich. Es gibt jedoch eine Ausnahme: Muggeleltern können ihre magisch begabten Kinder beim Einkaufen begleiten.

Der »Tropfende Kessel« liegt in der Charing Cross Road zwischen einer großen Buchhandlung und einem Plattenladen und wird von Muggeln in den meisten Fällen übersehen. Das Pub hat sich im Laufe der Jahre kaum verändert: Es ist klein und schmuddelig, aber trotzdem einladend, und beherbergt über der öffentlichen Bar ein paar Schlafzimmer für Reisende. Es ist der ideale Ort, um sich über Zaubererklatsch zu informieren, wenn man weit vom nächsten magischen Nachbarn entfernt wohnt.

Im Film gibt es eine Szene, in der Hagrid Harry aus der Nokturngasse abholt. Dabei sieht man ganz kurz die »Harry Potter«-Bücher, die in einem Schaufenster einer Zaubererbuchhandlung liegen. Damit die Winkelgasse bei den Dreharbeiten üppig bestückt war, wurden für die Ausstattung außerdem zahllose Gegenstände auf Flohmärkten, Antiquitätenläden und Auktionshäuser zusammengetragen.

Um in die Winkelgasse zu gelangen, muss man im Hinterhof des Pubs an der Mauer über dem Mülleimer die Backsteine abzählen: »Drei nach oben … Zwei zur Seite …« Ist der korrekte Stein gefunden, klopft man dreimal mit dem Zauberstab dagegen, woraufhin sich ein kleiner Spalt öffnet, der sich zu einem Torbogen vergrößert. Wichtig ist, dass man den richtigen Stein zum Anklopfen findet. Aber nicht jeder kann sich das merken. Hagrid beispielsweise ist so vergesslich und unkonzentriert, dass er meistens gegen mehrere Steine klopft, bis sich der

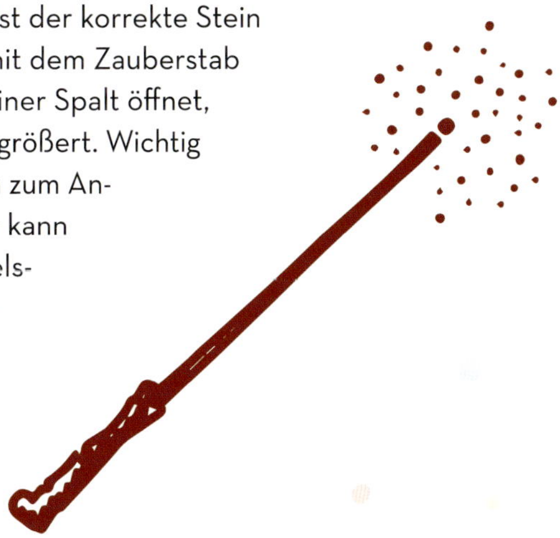

Durchgang öffnet.

Folgende Geschäfte finden sich in der Winkelgasse, von A bis Z – kennst du sie alle?

Amanuensis Federkiele – Kleiner Schreibwarenladen, der Federkiele und Tinte verkauft und sich neben »Madam Malkins Anzüge« befindet.

Apotheker – Ort, an dem man z. B. die Zutaten für Zaubertränke kauft.

Besen aus zweiter Hand – Second-Hand-Laden für Besen, der auch Reparaturen anbietet.

Besenstix – Verkauft Besenstiele.

Eeylops Eulenkaufhaus – Hier gibt es Posteulen verschiedenster Art.

Florean Fortescues Eisdiele – Speiseeis.

Flourish & Blotts – Buchladen

Gambol und Japes Zauberer-Witzshop – Scherz- und weitere Unterhaltungsartikel

Gringotts – Zaubererbank in Koboldhand. Um zu den Verliesen mit dem Geld zu kommen, muss man durch eine Kobold-Sicherheitskontrolle und im Inneren gibt es ein kompliziertes Stollenlabyrinth.

Heilerladen – Kostenlose Heilstation

Madam Malkins Anzüge – Laden für Kleidung wie Umhänge, Mäntel oder Schuluniformen

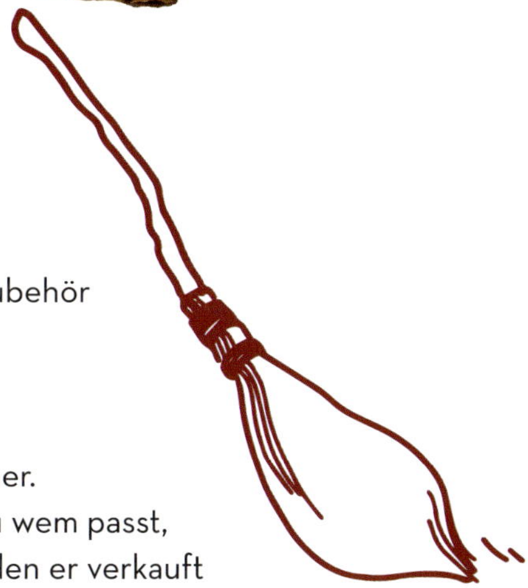

Madam Primpernelles Verschönerungstränke – Tränke gegen Warzen und Schlimmeres

Magische Menagerie – Haustiere und Haustierzubehör

Obskure Bücher – Zauberbuchverlag

Ollivanders – Sehr bekannter Zauberstabmacher. Ollivander weiß genau, welcher Zauberstab zu wem passt, und kann sich an jeden Zauberstab erinnern, den er verkauft hat. Es wird gesagt, dass der Name des Zauberstabmachers »Besitzer des Olivenstabs« bedeutet, was darauf hindeutet, dass der ursprüngliche Ollivander aus einem Mittelmeerland nach Großbritannien kam, denn Olivenbäume sind in Großbritannien nicht heimisch.

Potages Kesselladen – Kessel in verschiedenen Größen und Sorten. Dies ist der erste Laden, den Harry Potter bei seinem ersten Besuch in der Winkelgasse betritt.

Qualität für Quidditch – Verkauft Besen und Quidditch-Zubehör.

Rosa Lee Teeladen – Tee

Scribbulus-Schreibgeräte – Federn, Tinte, Pergament

Second Hand-Buchladen – Gebrauchte Bücher

Trödelladen – Laden für gebrauchte Gegenstände, z. B. Bücher, kaputte Zauberstäbe etc.

Weasleys Zauberhafte Zauberscherze – Scherzartikelladen von Fred und George Weasley, der nur dank des von Harry gestifteten Startkapitals von 1000 Galleonen entstehen konnte.

DIY-IDEE:

Magischer Zauberstab

Wer keine Winkelgasse in der Nähe hat, kann sich seine Zauberei-Utensilien ganz einfach selbst herstellen – alles, was du dafür brauchst, sind Kreativität und ein bisschen Bastelzubehör!

Material:
Rundholz, ca. 27 cm lang, Ø ca. 2 cm; alternativ mittelstarker Ast
Schleifpapier, 80er-Körnung
Heißklebepistole
Acrylfarbe nach Wahl
Pinsel

1. Wenn du einen Ast benutzt, entferne zuerst die Rinde und abstehende Zweige. Das Holz mit dem Schleifpapier bearbeiten, damit es glatt wird. Ein Ende des Holzes so abschleifen, dass eine Spitze entsteht.

2. Mit der Heißklebepistole das dickere Ende des Holzes dick mit Klebstoff einkleistern: Das wird der Griff (für die Grifflänge kannst du dich an deinem Zeigefinger orientieren). Achtung, der Kleber ist sehr heiß! Den Griff trocknen lassen.

3. Wenn der Kleber trocken ist, kannst du mit dem Bemalen beginnen. Die meisten Zauberstäbe sind braun, du kannst ihn aber natürlich ganz nach Wunsch einfärben. Die Farbe gut trocknen lassen.

DIY-IDEE:

Deko-Zaubertrank

Material:
verschiedene Fläschchen mit Korken
Wasser oder transparenten Klebstoff
Farbpulver in verschiedenen Farben nach Wahl, z. B. Eier- oder Lebensmittelfarben – besonders cool sind Metallic-Töne!
Glitzerpulver
Klebeetiketten (optional)

1. Befülle die erste Flasche mit Wasser oder Klebstoff. Fülle so viel ein, wie du möchtest.

2. Rühre sorgfältig das gewünscht Farb- und ein wenig Glitzerpulver ein. Verwende so viel Pulver, bis du mit dem erreichten Farbton und dem »Glitzergrad« deines Zaubertranks zufrieden bist.

3. Verschließe die Flasche mit dem Korken.

4. Wenn du magst, kannst du noch ein Etikett gestalten, entweder ein fertiges Klebeetikett, oder du bastelst eines aus Tonpapier, das du beschriftest und an die Flasche klebst.

Hast du zufällig Siegelwachs und einen Siegelstempel zuhause? Super: Ein versiegelter Flaschenkorken sieht noch beeindruckender aus! Schmelze etwas Siegelwachs ein und gieße es vorsichtig über den Korken; dann den Siegelstempel aufdrücken. Kurz trocknen lassen und den Stempel abnehmen.

In der Zaubererwelt zahlt man mit Galleonen, Sickel und Knut. Eine Galleone entspricht dabei ungefähr sechs Euro.

Nach der Schlacht um Hogwarts heiraten Neville Longbottom und Hanna Abbott und ziehen in die Winkelgasse über den Pub »Zum Tropfenden Kessel«.

In den englischen Originalbüchern heißt die Winkelgasse Diagon Alley, was wie *diagonally*, »diagonal« ausgesprochen wird. Dieses Wort deutet wahrscheinlich nicht nur die verwinkelte Struktur der Straße an, sondern auch, dass diese diagonal, also quer zur Muggelwelt verläuft.

In »Harry Potter und der Gefangene von Askaban« wurde Florean Fortescue, der Inhaber der Eisdiele in der Winkelgasse, das erste Mal vorgestellt. Er verfügt über viel Wissen über mittelalterlichen Zauber und sollte eigentlich helfen, das Ravenclaw-Diadem zu finden. Er wird von Todessern entführt und getötet, was man am Rande in »Harry Potter und der Halbblutprinz« erfährt.

Das grosse Fan-Kreuzworträtsel

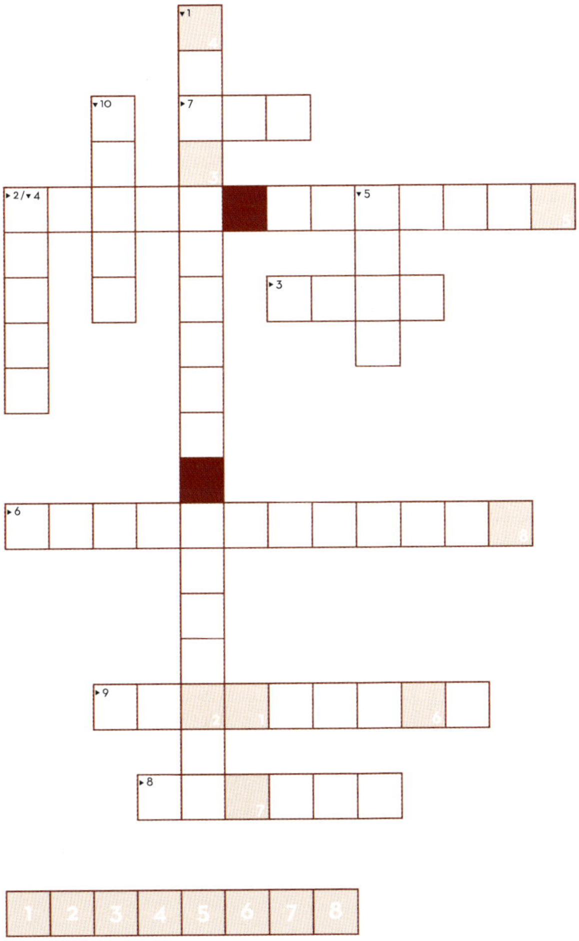

1. Der Zauberspruch, bei dem Hermine Ron verbessert.
2. Welcher Zauberspruch bedeutet: »Ich zerstöre, wie ich spreche.«?
3. Was für eine Art von Gestalt erscheint bei einem Patronus?
4. Einer der in »Harry Potter« am häufigsten gesagten Zaubersprüche.
5. Wie viele unverzeihliche Flüche gibt es?
6. Welchen Zauberspruch benutzt man, um andere zu entwaffnen?
7. Welcher Zauberspruch ist quasi das Gegenteil des Beleuchtungszaubers »Lumos«?
8. Die Sprache, aus der die meisten Zaubersprüche entstammen.
9. Welcher Zauberspruch öffnet Schlösser?
10. Wer hat den Fluch »Sectumsempra« entwickelt?

Na, wie lautet das Lösungswort? Die Auflösung findest du auf S. 133.

....

Am Set von »Harry Potter«

Die »Harry Potter«-Verfilmungen sind ein wahres Feuerwerk an fantastischen Umsetzungen der Abenteuer des berühmten Zauberschülers. Schon allein das Treppenhaus in Hogwarts ist ein wahres Meisterwerk. Es sind die vielen kleinen Details, die diese Filme so magisch machen und uns in einer anderen Welt versinken lassen. Aber wo und wie wurde getrickst?

Für die Kammer des Schreckens im zweiten Film, »Harry Potter und die Kammer des Schreckens«, ließ sich die Filmcrew von einem ganz besonderen Ort inspirieren: Sie begab sich in die Kanalisation von London, um sie als Vorlage für den unheimlichen Ort zu nehmen.

Weniger gruselig für die Crew war die Ausstattung des Hauses der Dursleys. Einzig die Szenenbild-Ausstatterin musste sich überwinden, nur Möbel auszusuchen, die sie wirklich hässlich fand – dadurch wirkten die Möblierung und das Ambiente des Hauses authentisch.

Eine weitere architektonische Herausforderung war das Haus von Hagrid. Da er als Halbriese sehr groß ist, wurden zwei Hütten gebaut: eine sehr große und eine sehr kleine. In der kleinen Hütte erschien der Schauspieler Robbie Coltrane viel größer als seine

Schauspielkollegen, in der großen Hütte wirkten alle anderen Schauspieler bzw. Charaktere kleiner als Hagrid. Ein schlauer Trick, oder?

In der großen Halle von Hogwarts hängen bei der Ankunft der Erstklässler im ersten Film, »Harry Potter und der Stein der Weisen«, hunderte Kerzen an der Decke und verleihen dem Raum durch ihr Schweben eine magische Aura. Zu Beginn der Dreharbeiten waren dies echte Röhren, die mit Ethanol gefüllt waren und mit Drähten an der Decke befestigt waren. Dann trat aber das Problem auf, dass die Drähte durchbrannten und die Rohre herunterfielen. Daraufhin wurden die Kerzen im Nachhinein digital animiert – Safety first!

Feuer war immer wieder ein Problem. Die verbotene Abteilung in Hogwarts befindet sich im Original in der Universität von Oxford. Das brachte eine Herausforderung mit sich, denn dort gilt die Regel, dass unter keinen Umständen offenes Feuer entzündet werden darf. Doch für die Dreharbeiten war dies unbedingt notwendig – und man bekam tatsächlich die Erlaubnis, diese jahrhundertalte Regel zu brechen.

Auch die Ausstattung der einzelnen Räume in der Schule war teilweise extrem aufwendig. So sieht man in Dumbledores Büro neben seinem Denkarium seine gesamten Erinnerungen in kleinen Flaschen.

Den »Raum der Wünsche«, zu sehen in den Filmen »Harry Potter und der Halbblutprinz« und »Harry Potter und die Heiligtümer des Todes, Teil 2« sowie als Trainingsraum für »Dumbledores Armee« in »Harry Potter und der Orden des Phönix«, der mit den unterschiedlichsten Gegenständen vollgestellt ist, zu füllen und die Szenerie richtig üppig aussehen zu lassen, war hingegen nicht weiter schwierig: Man nahm einfach die Requisiten aus den vorherigen »Harry Potter«-Filmen und stapelte diese in den Raum – alles auf einem großen Haufen zusammengetragen, war das wirklich eine beeindruckende Menge an unterschiedlichsten Dingen!

Jedes einzelne dieser Fläschchen wurde per Hand beschriftet und beklebt. Genauso aufwendig ist seine umfangreiche Bibliothek befüllt worden: Um keine echten Bücher dort aufstellen zu müssen, hat man alten Telefonbüchern kurzerhand neue Umschläge verpasst.

- Wo wir gerade bei großem Ausstattungsaufwand sind: Bei der letzten Schlacht um Hogwarts wurde alles in Schutt und Asche gelegt – ein gigantisches Bild! Damit das filmisch umsetzbar war, mussten 32 Tonnen Schutt ans Set transportiert werden. Teilweise bestand dieser auch aus Styropor.

Für die Filme wurden insgesamt 588 Sets gebaut.

Für Film 7, Teil 2, »Harry Potter und die Heiligtümer des Todes« wurden für Gringotts 210.000 Münzen angefertigt.

Es gibt eine Sache, die man nur in der Verfilmung von »Harry Potter und der Feuerkelch« findet und die nicht im Buch vorkommt: den sogenannten Lakritzschnapper. Lakritzschnapper sind magische Süßigkeiten, die beißen, wenn man unvorsichtig ist. Harry wusste dies nicht und interpretierte Dumbledores Kommentar »Vorsicht, sie sind scharf!« dahingehend, dass sie scharf schmecken. Das war zwar ein Fehler, aber durch den Angriff des Lakritzschnappers fand Harry im Film Dumbledores Denkarium.

Wenn in den Filmen Zaubertrank getrunken wurde, dann war das tatsächlich echte Suppe.

Im ersten Film, »Harry Potter und der Stein der Weisen«, sieht man, wie Harry und Ron an Weihnachten Zauberschach spielen. Mit einem Zug schlägt Rons Königin Harrys Springer. Und später im Film, beim realen Zauberschach, sieht man, wie die Königin den Springer schlägt, auf dem später Ron sitzt.

Ein wirklich großer Unterschied zwischen Filmen und Büchern findet sich im Hinblick auf den Auftritt des Hauselfen Dobby: Obwohl er in der Verfilmung ein absoluter Publikumsliebling ist, taucht er in nur zwei Filmen (»Harry Potter und die Kammer des Schreckens« und »Harry Potter und die Heiligtümer des Todes«) auf. In den Büchern spielt der Hauself eine weitaus größere Rolle und unterstützt Harry in vielen Punkten.

»Der Tagesprophet« und der »Klitterer« sind die beiden wichtigsten Zeitungen der Zauberwelt und wurden dementsprechend sorgfältig produziert – so viel Aufmerksamkeit hat man kaum einer anderen Requisite geschenkt! Die Grafikabteilung designte 40 Ausgaben des »Tagespropheten« und druckte 25.000 Seiten des »Klitterers«. Und für alle diese Ausgaben und Seiten wurden richtige Artikel geschrieben, Anzeigen entworfen und sogar Horoskope entwickelt. Die redaktionelle Arbeit diente aber nicht nur der möglichst realistischen Ausstattung, sondern auch der Unterhaltung des Filmteams: Es wurden lustige Anspielungen zu den Schauspielern integriert.

Ein ganz besonderer Film, der leider nur in Großbritannien zu sehen war, ist der dreiminütige Kurzfilm »The Queens Handbag«. Hierin werden die Hogwarts-Schüler Harry, Hermine und Ron beauftragt, die Handtasche von Queen Elizabeth II. zu finden. Wichtig ist das Wiederbeschaffen der Tasche, weil sich darin die Lesebrille der Köigin befindet, ohne die sie die Rede zu ihrem 80. Geburtstag nicht ablesen kann. Der Film wurde anlässlich ebendieses runden Geburtstags ausgestrahlt.

In den Filmen sieht man neben den großen Treppen sehr viele Gemälde an den Wänden. Einige bewegen sich, andere nicht. Wusstest du, dass ein Teil der Standbilder reale Leute aus dem Filmteam sind? Und auch bei den bewegten Gemälden sind nicht nur Schauspieler, sondern auch die Tochter des Regisseurs und andere Mitarbeiter vom Set verewigt.

»Harry Potter und der Feuerkelch« ist bei Fans auch unter dem Namen »Harry Potter und das Jahr ohne Haarschnitt« bekannt: Zu diesem Zeitpunkt waren längere Jungenhaare gerade im Trend und viele Schauspieler trugen ihre Haare länger als sonst.

Schon im Film »Harry Potter und der Feuerkelch« war das Zeichen der Heiligtümer des Todes zu sehen, obwohl sie erst viel später in den Filmen thematisiert werden.

Als Lord Voldemort das erste Mal im Film auftaucht, sieht man ihn in seinem dunklen Umhang. Das Schwarz seines Umhangs verblasst von Film zu Film immer mehr, um seinen Machtverlust durch die Zerstörung der Horkruxe zu verdeutlichen. Dahingegen ist es bei Dolores Umbridge umgekehrt. Ihr Pink wird im Laufe der Geschichte immer kräftiger.

In den Büchern hat Tonks pinkfarbene Haare. Das wurde geändert, nachdem Dolores Umbridge die Farbe Pink bekam. Tonks Haare waren von da an lila.

Hinter den Kulissen

Was war hinter den Kulissen los, bei wem juckten die Perücken, wer brauchte Extra-Catering? Auf geht's in die Welt von Klatsch und Tratsch!

Beginnen wir mit Alan Rickman alias Severus Snape. Er war der Einzige, dem Rowling im Detail alles über seine Rolle und deren Ende erzählte. Was ein bisschen unfair klingt, brachte ihm den Vorteil, dass er seinen Charakter extrem authentisch spielen konnte und der Regie auch jederzeit sagen konnte, wenn etwas nicht zu seiner Rolle passte.

Da viele Jungdarsteller:innen noch nicht lange als Schauspieler:innen arbeiteten, benötigten sie ein paar Tricks, um vor der Kamera richtig agieren zu können. Daniel Radcliffe alias Harry Potter beispielsweise sollte in einer Szene überrascht schauen, womit er sich schwer tat. Die Lösung: Der Regisseur empfahl ihm, sich Cameron Díaz in einem Tanga vorzustellen. Und das funktionierte richtig gut, denn zu dem Zeitpunkt stand Radcliffe auf die Schauspielerin.

Auch Kuss-Szenen waren kein leichtes Unterfangen mit den jungen Schauspieler:innen. Ron und Hermine brauchten sechs Anläufe, bis die Szene authentisch rüberkam, Harry und Ginny zehn und Ron und Lavender gar 15. Spitzenreiter war der Kuss zwischen Harry und Cho: Erst nach 30 Versuchen war alles abgedreht.

Aber nicht nur Küsse können unangenehm sein, auch eine Umarmung kann junge Schauspieler:innen schon an den Rand der Kooperation bringen. In »Harry Potter und die Kammer des Schreckens« sollte Emma Watson alias Hermine Granger Rupert Grint alias Ron und Harry umarmen. Das war der Schauspielerin jedoch so unangenehm, dass die Szene umgeschrieben wurde. Nun musste sie Ron nur noch die Hand geben und nur Harry umarmen. Aber auch das war ihr noch zu viel, und so fiel die Umarmung extrem kurz aus. Für den Film hat man die Szene darum später nachbearbeitet und die Sequenz eingefroren, damit es länger wirkt.

Tom Felton alias Draco Malfoy hatte ein ganz anderes Problem: Er liebte zum damaligen Zeitpunkt Süßigkeiten! Er war so wild darauf, dass er sie bei den Dreharbeiten in den Taschen der Schulumhänge bunkerte. Leider wurden sie dort ziemlich schnell warm und schmolzen ... Die Lösung: Man nähte ihm die Taschen zu.

Vom ersten Drehtag bis zum letzten Film verging sehr viel Zeit und die Schauspieler wurden währenddessen erwachsen. Nach der Drehzeit zum letzten Film fand Rupert Grint alias Ron Weasley in seiner Umkleide eine Geburtstagskarte zu seinem 14. Geburtstag.
Er war damals 23 Jahre alt ...

Schauspieler führen Stunts oft nicht selbst durch, so auch nicht Daniel Radcliffe. Bei den Dreharbeiten zu Film 7, »Harry Potter und die Heiligtümer des Todes«, dessen beide Teile an einem Stück gedreht wurden, was insgesamt 236 Drehtage in Anspruch nahm, kam es zu einem schweren Unfall: Sein Stuntman David Holmes verletzte sich bei einer Probe zu einer Explosionsszene irreparabel.

In der Szene sollte David Holmes den fliegenden Harry Potter mimen. Dabei gab jedoch seine Halterung nach und der Stuntman fiel so unglücklich zu Boden, dass er seit dem Tag von der Brust abwärts gelähmt ist, im Rollstuhl sitzt und seine Arme und Hände nur noch eingeschränkt nutzen kann. Heute kommt David Holmes, der eine sehr gute Freundschaft mit Daniel Radcliffe pflegt, mit den Einschränkungen gut klar.

Ein richtig großes Thema bei den Dreharbeiten war außerdem die Augenfarbe von Daniel Radcliffe. Potter-Fans wissen es: Harry hat grüne Augen. Die Augen von Radcliffe sind jedoch blau. Der schnellste Weg, dies zu beheben, sind normalerweise farbige Kontaktlinsen. Leider vertrug der Jungschauspieler die Linsen nicht besonders gut, so dass sie beim Drehen oft nicht genutzt werden konnten. Man sieht im Film Harry Potter also mit wechselnder Augenfarbe.

Und Ralph Fiennes alias Lord Voldemort hat für sein jüngeres Ich im sechsten Film, »Harry Potter und der Halbblutprinz«, keine digitale Verjüngung nutzen müssen, sondern er konnte auf eine familiäre zurückgreifen: Hinter dem jungen Tom steht Hero Fiennes-Tiffin, der Neffe von Ralph Fiennes. Die Ähnlichkeit ist also kein Zufall, sondern tatsächlich genetisch!

Was ist besonders wichtig bei einem so großen Projekt wie der »Harry Potter«-Verfilmung? Dass keine Details an die Öffentlichkeit gelangen. Die Dreharbeiten und das Drehbuch sind oft geheim. Der Filmcrew unterlief jedoch einmal ein großes Missgeschick: Nach Drehschluss waren die Team-Mitglieder gemeinsam in einem Pub und vergaßen dort das Drehbuch. Es wurde gefunden und an eine große Zeitung geschickt. Diese veröffentlichte aber glücklicherweise nichts daraus, sondern gab es direkt an das Filmteam zurück.

Daniel Radcliffe kam während der Dreharbeiten in den Stimmbruch, so dass mehrere Szenen nachsynchronisiert werden mussten.

Auch die jungen Schauspieler:innen mussten ihre Hausaufgaben machen, trotz Dreharbeiten. Gerne erledigten sie diese dann, wenn sie vor der Kamera ohnehin gerade Schularbeiten machen mussten. Ob dabei ein gutes Ergebnis erzielt werden konnte, bleibt allerdings unklar …

Ralph Fiennes musste als Voldemort Strumpfhosen tragen, die aber immer rutschten. Also stieg er auf Strümpfe um, und damit die gut hielten, trug er dazu auch Strumpfhalter. Das klingt ungemütlich? Hier kommt noch etwas Unangenehmeres: Viele Szenen spielen auf einem Besen, was wirklich unbequem zum Sitzen ist! Damit es nicht schmerzt, wurden vorher Po-Abgüsse der Schauspieler:innen angefertigt und als Sitze auf den Besen montiert.

Obwohl die »Harry Potter«-Filme unglaublich beliebt waren, gewannen sie nie einen Oscar – und das, obwohl insgesamt sechs der acht Filme schon einmal nominiert waren.

Als die letzte Szene von »Harry Potter und die Heiligtümer des Todes« im Kasten war, rief der Regisseur David Yates »Cut!« und alle am Set brachen in Tränen aus.

Filmregisseur Alfonso Cuarón forderte Emma, Daniel und Rupert auf, einen Aufsatz über ihre jeweilige Figur zu schreiben. Emma gab ein 16-seitiges Werk ab, Daniel schrieb eine Seite über Harry – und Rupert schaffte noch nicht einmal eine.

Tiere und magische Wesen in den Filmen

Was glaubst du, wie viele echte Tiere spielen in den Filmen mit? Nun, gar nicht mal so wenige: Die Schlange Nagini war beispielsweise real. Nagini ist ein Schlangenmaledictus und basiert auf der indonesischen Mythologie. Während sie im vierten und fünften »Harry Potter«-Film noch von einer Südlichen Madagaskarboa gespielt wurde, übernahm in den letzten beiden Verfilmungen ein Netzpython die Rolle.

Eulenfieber

Und dann sind da natürlich die Eulen, zuvorderst Harry Potters persönliche Schnee-Eule Hedwig. Obwohl Hedwig also in der Geschichte eindeutig weiblich ist, wird sie in den Filmen ausschließlich von männlichen Exemplaren gespielt: Im richtigen Leben heißt „sie" Gizmo und wurde unterstützt von ihren gefiederten Doppelgängern Kasper, Oops, Swoops, Oh Oh, Elmo und Bandit, wenn es beispielsweise um Lichteinstellungen ging. Warum nur Männchen eingesetzt wurden? Das Erscheinen der Weibchen ist – wie so oft in der Tierwelt – nicht so beeindruckend wie das ihrer männlichen Artgenossen. Und bei den Schnee-Eulen haben die Männchen mehr weiße Federn und sehen dadurch schöner aus.

Im Gegensatz zur landläufigen Meinung sind Eulen nicht wirklich schlau und so dauerte es ewig, bis die Filmeulen durch ein geöffnetes Fenster fliegen konnten. Nach Aussage des Tiertrainers lernen ein Papagei oder ein Rabe so ein Manöver bereits beim zehnten Versuch, Eulen hingegen erst beim tausendsten.

Auch treten in der Geschichte etliche Eulen als Postboten auf. Eulen sind zwar Greifvögel und jagen auch aus der Luft. Aber einen Brief mit sich herumschleppen? Niemals! Die Zettel wurden deshalb mit unsichtbaren Schnüren an Gizmos Krallen befestigt und dann zum richtigen Zeitpunkt vom Trainer losgemacht, sodass sie Harry in den Schoß fielen.

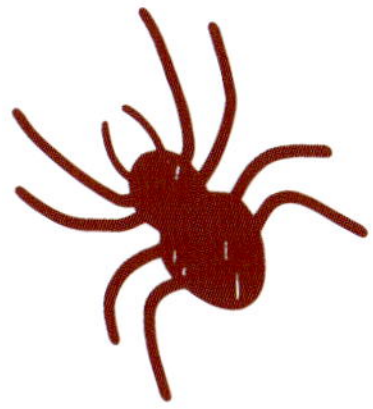

Und ein weiterer Fehler unterlief der Autorin beim Konzipieren des Eulenthemas: J.K. Rowling hatte schon einige Bücher geschrieben, als sie feststellte, dass Schnee-Eulen vorwiegend tagsüber aktiv und nachts eher träge sind. Zu diesem Zeitpunkt war es aber schon zu spät für Änderungen, und so fliegt Hedwig in der Geschichte trotzdem überwiegend nachts.

> **Mit den »Harry Potter«-Filmen wurden Eulen im Allgemeinen plötzlich unglaublich populär – auch als Haustiere. Leider sind die Tiere überhaupt nicht geeignet für eine solche Haltung, sie gehören in die freie Wildbahn. Rowling rief darum ihre Fans dazu auf, vernünftig zu sein und Eulen nicht als Haustiere zu halten.**

Hund und Katz

Der Mastiff Bully, der sich mit drei Artgenossen die Rolle des Hundes Fang teilt, hätte niemals Karriere gemacht, wenn der Tiertrainer Gary Gero ihn nicht verwahrlost auf einem Schrottplatz gefunden und ausgebildet hätte. Und auch die drei Katzen, die Mrs. Norris darstellen, stammen aus einem Tierheim in England. Welch ein Aufstieg! Die Katze, die im ersten Teil Mrs. Norris spielte, hielt das gesamte Team übrigens eines Tages ganz schön auf Trab: Für

48 Stunden war sie spurlos verschwunden ... Und danach tauchte sie einfach wieder auf – typisch Katze eben!

Sehr viel entspannter verhielten sich da die vier Kröten, welche für die Rolle des Trevor eingesetzt wurden. Sie hockten den ganzen Tag in ihrem beheizten Terrarium und weigerten sich hartnäckig, Tricks zu lernen.

Magische Wesen ohne reale Darsteller

Nicht jedes Wesen bei »Harry Potter« konnte jedoch von einem echten Artgenossen gespielt werden. Remus Lupin beispielsweise ist bekannterweise ein Werwolf. Der Schauspieler musste für dieses Aussehen jedes Mal sechs Stunden in der Maske verbringen.

In »Harry Potter und der Feuerkelch« sind einige Drachen zu sehen. Die meisten Zuschauer:innen werden davon ausgehen, dass das Feuerspeien computeranimiert war, aber tatsächlich kam das Feuer aus einem Flammenwerfer.

Und wenn wir gerade beim Thema Feuer sind: Fawkes, der Phönix von Professor Dumbledore, ist nicht animiert, sondern ein Roboter. Aber ein verdammt real aussehender! Schauspieler Jason Isaacs alias Lucius Malfoy dachte sogar, er hätte es mit einem echten Vogel zu tun, und redete auf die animatronische Figur ein.

Bei so vielen Tieren, die in den Filmen vorkamen, musste die Filmcrew besonderen Augenmerk auf den Tierschutz legen. Glücklicherweise verstarb kein Filmtier am Set oder wurde verletzt. Im Abspann von »Harry Potter und der Feuerkelch« wurde übrigens ausdrücklich noch mal darauf hingewiesen, dass während der Dreharbeiten kein Drache verletzt wurde ...

REZEPT:
Butterbier

Zutaten:
2 TL Butter
2 EL Zucker
600 ml Milch
Vanilleextrakt
Zimt
300 ml Malzbier
Sprühsahne

1. Die Butter in einem Topf erhitzen, bis sie flüssig ist. Den Zucker hinzugeben und alles bei mittlerer Hitze verrühren, bis der Zucker anfängt zu karamellisieren.

2. Die Milch, den Vanilleextrakt und den Zimt hinzufügen und unter ständigem Rühren mit einem Schneebesen aufkochen lassen.

3. Den Herd ausschalten und langsam das Malzbier in die Milch gießen, dabei weiterrühren.

4. Das Butterbier noch einmal kurz auf mittlere Hitze bringen, aber nicht mehr aufkochen lassen! Dann in Tassen füllen und mit Sprühsahne garnieren.

Harrys Schnee-Eule Hedwig bekam ihren Namen von der Heiligen Hedwig, Schutzherrin der katholischen Hedwigschwestern, die sich für die Förderung und Ausbildung von Waisenkindern einsetzen.

Im Film sieht man in Dolores Umbridges Büro sehr viele Katzenbilder. Dafür verwendete man keine vorhandenen Fotos, sondern ließ 40 Katzen ans Set kommen und fotografierte und filmte diese.

Damit es den drei Mrs. Norris-Katzendarstellern während der Dreharbeiten in der Burg nicht kalt wurde, hielt ihnen eine Fußbodenheizung die Pfötchen warm.

Er spielte zwar nicht mit, durfte aber auch mit am Set sein: der Hamster von Emma Watson. Leider verstarb er und bekam einen kleinen Sarg angefertigt.

Die Kobolde in den Filmen sind natürlich nicht echt. Den Schauspielern wurden Masken aufgesetzt, die in der Herstellung 8 Monate brauchten.

Die Schlangensprache Parsel war für den Filmdreh besonders wichtig. Zauberer und Hexen, die diese Sprache beherrschen, werden Parselmund genannt und können sich mit Schlangen verständigen. Der englische Begriff dafür, *Parselmouth*, wurde früher übrigens für Menschen gebraucht, deren Mund durch eine Lippen-Kiefer-Gaumenspalte oder Ähnliches entstellt war. Damit die Sprache im Film realistisch wirkt und es auch für die Schauspieler leichter zu erlernen ist, wurde die Sprache tatsächlich real entwickelt. Der Linguistikprofessor Dr. Francis Nolan von der Cambridge University erschuf eine grobe Sprachstruktur mit primitiven Regeln sowie eigene Phoneme, die Parsel ausmachen.

SPIEL:

Schauspieler, Magisches Wesen, Schulfach

Wer ein Super-Fan ist, dem wird dieses Spiel leichtfallen: Wir spielen »Stadt, Land, Fluss« für »Harry Potter«-Spezialisten!

Material:
1 Blatt Papier + Stift pro Mitspieler

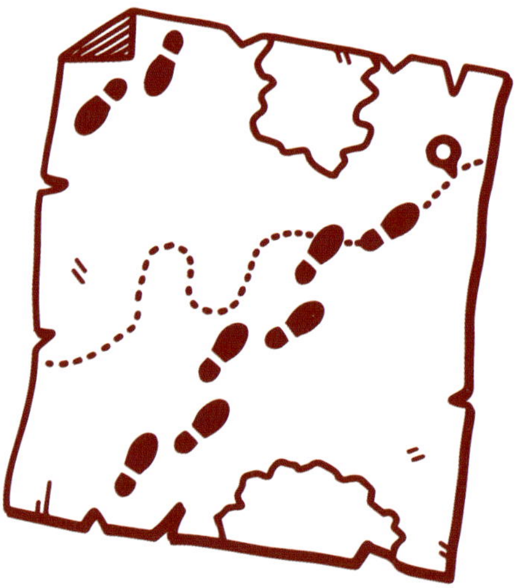

1. Legt fest, wie viele Runden ihr spielen wollt.
2. Unterteilt die Spielblätter in Spalten für die Rubriken und Zeilen für die Spielrunden.
3. Tragt in die Spalten Rubriken nach Wunsch ein. Ideen für Rubriken:
   - Figur aus den Büchern
   - Schauspieler
   - Magisches Wesen
   - Schulfach in Hogwarts
   - Zauberspruch
   - Magischer Ort
   - Zutat für einen Zaubertrank
4. Spielt nach den gewohnten Regeln für »Stadt, Land, Fluss«. Viel Spaß!

Im Film »vergessene« Charaktere

Ein echter Buchfan wird es bemerkt haben: Im Film fehlen manche Charaktere aus den Büchern oder einzelnen Figuren wurde weit weniger Raum gegeben, als sie in der Romanvorlage einnehmen. Aber wer sind diese armen Figuren, die den Drehbuchtod sterben mussten?

Ludo Bagman

- Spielt in »Harry Potter und der Feuerkelch« professionell Quidditch als Treiber bei den Wimbourne.
- Hält sich oft nicht an Regeln: Bagman trägt bei der Quidditch-Weltmeisterschaft keine Muggelklamotten und kümmert sich auch nicht weiter um verlorene Wetten.
- Leitet im Zaubereiministerium die Abteilung für Magische Spiele und Sportarten.
- Plaudert gerne Ministeriumsgeheimnisse aus.
- Wurde nach dem ersten Zaubererkrieg angeklagt, weil er Informationen an einen Todesser weitergab – wurde aber freigesprochen.
- Ludo kommt von dem lateinischen Verb *ludere* und bedeutet »Ich spiele.«

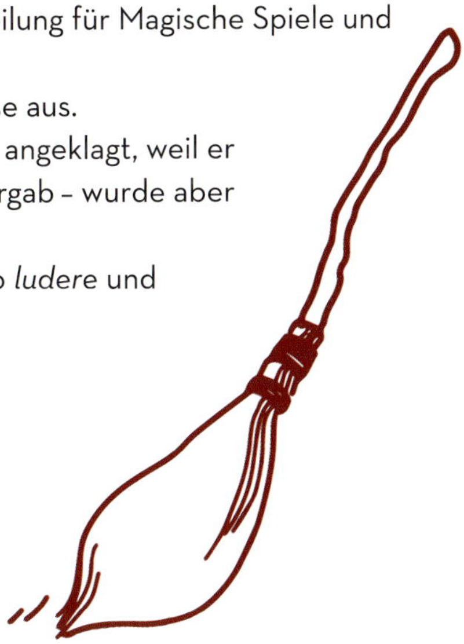

Sir Cadogan

- Ist ein Porträt im Treppenhaus von Hogwarts.
- Er übernahm für kurze Zeit die Aufgabe, den Gryffindor-Turm zu überwachen, nachdem die Fette Dame von Sirius Black angegriffen wurde. Dabei nahm er seinen Aushilfsjob so ernst, dass er sich jeden Tag neue, schwierige Passwörter überlegte.
- Hilft Harry während der Schlacht um Hogwarts, indem er von Porträt zu Porträt rennt und ihm Mut zuspricht.
- Hatte drei Frauen und 17 Kinder.
- War einst selbst auf Hogwarts und dem Hause Gryffindor zugeteilt.
- Kämpfte gegen eine drachenartige Kreatur, den Wyvern of Wye. Kurz bevor er dabei starb, da sein Zauberstab in zwei Hälften geteilt und sein Ross gefressen wurde, schnappte er sich ein Pony (das auf dem Porträt zu sehen ist) und schaffte es mit diesem und dem halben Zauberstab noch, das Wesen zu besiegen.

Firenze

- Ist ein Zentaur mit dem Körper eines Palomino-Pferdes.
- Wurde von seiner Herde vertrieben und fast von ihnen umgebracht.
- Arbeitet gerne mit Menschen zusammen.
- Wird Lehrer für Wahrsagen, sein Klassenzimmer sieht aus wie eine Waldlichtung.
- Er ist davon überzeugt, dass Menschen nicht die Gabe haben, die großen und wichtigen Ereignisse zu sehen.
- Nach der Schlacht um Hogwarts wird er wieder in seiner Herde aufgenommen.
- Rettet Harry Potter in seinem ersten Jahr im verbotenen Wald vor Professor Quirrel.

Golgomath

- Ist ein Riese und dort der Häuptling, sein Posten wird »Gurg« genannt.
- Brachte seinen Vorgänger Karkus in einem Kampf um, in dem er Karkus den Kopf abriss, um sich den Häuptlingsposten zu sichern.
- Trägt am liebsten eine Kette aus Tier- und Menschenknochen.
- Hagrid und Madame Maxime wollen Golgomath überzeugen, sich Dumbledore anzuschließen und gegen Voldemort zu kämpfen.

Lee Jordan

- Gehört in das Haus Gryffindor.
- Ist Schüler im gleichen Jahr wie Fred und George, mit denen er sehr gut befreundet ist und gerne Quatsch macht.
- Trägt Rastazöpfe.
- Sein Haustier ist eine riesige Tarantel.
- Kommentiert beim Schul-Quidditch die Spiele.

Peeves

- Ist ein Poltergeist.
- Lebt seit der Gründung von Hogwarts im Schloss.
- Spielt gerne Streiche mit Fred und George und sorgt für viel Chaos.
- Der Hausmeister Argus Filch mag ihn überhaupt nicht und Rancorous Carp, Filchs Vorgänger, wollte ihm eine Falle stellen, um ihn zu vertreiben, was aber nicht funktionierte.
- Hört auf niemanden – außer auf den Hausgeist der Slytherins, den blutigen Baron (vor ihm hat er Angst), und auf Professor Dumbledore.
- Trieb so viel Schabernack, dass die frühere Schulleiterin Eupraxia Mole mit ihm ein Abkommen traf: Peeves durfte laut Vertrag (unter anderem) einmal in der Woche in der Jungentoilette schwimmen und bekam einen neuen Hut, wenn er dafür aufhörte mit dem vielen Unsinn.
- Kann sich unsichtbar machen und fliegen.
- Kann im Gegensatz zu anderen Geistern durch Magie beeinflusst werden, z. B. mit Zaubersprüchen.
- Ist ein kleiner Mann mit schwarzen Haaren, orangefarbenen Augen, auffälliger Kleidung und einem Hut.
- Kann Lebensmittel herbeizaubern.
- Ist sehr loyal gegenüber Hogwarts und kämpfte mit bei der Schlacht um Hogwarts.
- Sollte eigentlich nicht nur ein Charakter im Buch sein, sondern auch eine Rolle in den Filmen spielen. Dafür wurde Rik Mayall gecastet.

Winky

- Ist ein weiblicher Hauself mit sehr hoher Stimme.
- Wurde von Dobby nach Hogwarts gebracht.
- Arbeitet in Hogwarts in der Küche.
- Ist sehr treu.
- Gehört ursprünglich Barty Crouch, der sie aber nicht mehr will, nachdem sie mit dem Zauberstab von Harry Potter gefunden wird, als das dunkle Mal heraufbeschworen wurde.
- Ist sehr traurig über die Trennung von ihrem Herrn Barty und trinkt wegen der Trauer sehr viel Butterbier.

Ist dir das auch schon aufgefallen?

»Harry Potter« ist nicht einfach nur eine magische Geschichte. Für die sieben Bücher entwickelte J. K. Rowling ein unfassbar umfassendes Netz aus Verbindungen, mystischen Zeichen und Andeutungen, sodass ein äußerst dichtes Werk entstand. All diese Verbindungen, die Symbolik hinter den Details und die Beziehungen der Figuren zueinander zu durchschauen, ist nicht einfach – aber genau das macht den Reiz von »Harry Potter« aus und sorgt dafür, dass auch das mehrfache Lesen der Bücher bzw. das mehrfache Bingen der Filme nie langweilig wird! Und dann gibt es natürlich auch bei »Harry Potter« ab und zu das, was im Bereich Kino „Filmfehler" genannt wird – ebenfalls sehr spannend zu enttarnen! Überprüfe doch gleich mal, wie viel von dem hier Aufgeführten dir schon bekannt ist ...

Zahlenspiele

Beispielsweise zieht sich die Zahl 7 durch die ganze Geschichte: Es gibt

- 7 Bücher = 7 Teile
- 7 Horkruxe
- 7 Weasley-Kinder
- 7 Schuljahre
- 7 Spieler pro Quidditch-Team
- 7 Hauptfächer
- 7 Stockwerke in Hogwarts
- 7 Geheimgänge in Hogwarts

Fällt dir noch etwas ein, wo in den Filmen oder Büchern die Zahl 7 auftaucht? Dann schreibe es hier auf!

....

....

....

Außerdem offenbart sich auch in der Zaubererwelt die 13 als Unglückszahl. Professor Trelawney, die Lehrerin für Wahrsagen, nimmt den auch in der realen Welt weit verbreiteten Aberglauben sehr ernst und weigert sich einmal, an einem Tisch Platz zu nehmen, an dem bereits zwölf Personen sitzen, weil sie glaubt, dass der Erste, der den Tisch verlässt, sterben wird. Die Bücher von J.K. Rowling lehren uns, dass sie Recht hat: Sirius Black sitzt in »Harry Potter und der Orden des Phönix« an einem Tisch mit zwölf weiteren Leuten und steht als Erster auf. Im gleichen Buch wird er von Bellatrix Lestrange ermordet.

Apropos Bellatrix Lestrange. Wir wissen alle, dass sie eine sehr überzeugte Anhängerin von Voldemort ist. Sie ist wortwörtlich seine rechte Hand, was man in den Filmen verdeutlicht, indem man sie immer auf seiner rechten Seite stehen lässt.

Beim nächsten Zahlenspiel-Beispiel hat sich die Autorin eine kleine Merkhilfe für Zauberer und Hexen einfallen lassen, auf die man erst auf den zweiten Blick stößt: Um ins Zaubereiministerium zu gelangen, gibt es mehrere Wege. Der Besuchereingang führt über eine bestimmte Telefonzelle, wo man eine festgelegte Zahlenfolge eingeben muss, bevor man nach unten fährt. 6-2-4-4-2 lauten die Zahlen, und wenn man auf eine Tastatur mit T9-Funktion schaut, dann erkennt man, dass diese Zahlen das Wort »Magic« bilden.

Überraschende Blutsbande

Sehr interessante Familienbande ranken sich um die drei Brüder Peverell, die Besitzer der Heiligtümer des Todes: Die Mitglieder ihrer Familie sind die Vorfahren von Harry und Voldemort. Harry erbte von seinem Vater den Tarnumhang. Da dieser von Generation zu Generation vererbt wurde, muss Ignotus Peverell, der erste Besitzer des Tarnumhangs, Harrys Vorfahre sein. Lord Voldemort bekam von seinem Großvater Vorlost Gaunt den Stein der Auferstehung vererbt. Cadmus Peverell war einst der Besitzer des Steines und reichte ihn, wie sein Bruder es mit dem Umhang tat, in seiner Familie weiter.

Kreative Namensgebung

Inspirationen für die Namen ihrer Figuren sammelte die Autorin wortwörtlich überall. In der Großfamilie der Blacks finden sich etwa einige nach Sternbildern benannte Figuren: Sirius, Cygnus, Arcturus, Pollux, Cassiopeia …

Doch auch ein Friedhof in Edinburgh wurde von J. K. Rowling dafür konsultiert: Dort liegen Verstorbene mit dem Namen Thomas Riddle, William McGonagall und Elizabeth Moodie.

Derweil diente Oliveira Salazar, der zwischen 1932 und 1968 in Spanien als Diktator regierte, J. K. Rowling als Vorbild für den Slytherin-Gründer Salazar Slytherin.

Nicht nur J. K. Rowling hat sich in der realen Welt bedient für ihre Kreationen, umgekehrt hat sich die reale Welt auch bei »Harry Potter« bedient: Die Dementoren wurden als Namenspatrone für eine bestimmte Wespenart benutzt. Diese Tiere nutzen ein Nervengift, das ihre Opfer betäubt und fügsam werden lässt – ähnlich wie die Dementoren, die ihren Opfern die Seele aussaugen. Der Name dieser Wespenart lautet Ampulex Dementor.

Andere Namen in den Büchern haben tiefere Bedeutungen oder sind Anklänge an die persönlichen Geschichten der Figuren. So haben Lily Potter und ihre Schwester Petunia eines gemeinsam: Ihre Namen sind Blumenarten. Die Lilie steht dabei in Verbindung mit dem Tod und die Petunie in Verbindung mit Wut und Zorn.

Und wohl jeder Fan kennt das Anagramm von »Tom Vorlost Riddle«: »ist Lord Voldemort«. Der Name dessen, der nicht genannt werden darf, hat aber noch mehr Hintergrund zu bieten: Er stammt ursprünglich aus dem Französischen, darum wird das »t« am Ende nicht mitgesprochen. Und eine Bedeutung hat dieser Name auch noch, er lässt sich nämlich etwa mit »Flug des Todes« übersetzen.

Das Anagramm-Prinzip wurde übrigens auch bei »Lavender Brown« genutzt: Dieser Name ergibt neu zusammengesetzt »Brand New Lover«, auf Deutsch »brandneuer Liebhaber« – Lavender kündigt sich also schon vorher ganz subtil als Rons neue Freundin an.

Kompatible Patronus-Tiere

Ron und Hermine sind ein Traumpaar und kommen am Ende endlich zusammen. Aber nicht nur sie, sondern auch ihre Patronus-Tiere passen zusammen. Rons Patronus ist ein Jack-Russel-Terrier und Hermines ein Otter. Jack-Russel-Terrier sind dafür bekannt, Otter zu jagen, und Otter gehören zur Familie der Wiesel, was wiederum zur Weasley-Familie passt.

Fußball ist überall ein Thema

J.K. Rowling nimmt in ihren Büchern gerne Anleihe im realen Leben, so auch im Bereich des magischen Sports. Beim Quidditch hat sie beispielsweise wie beim Fußball Unterschiede zwischen Europa und den USA eingebaut: In Europa spielt man Quidditch, in Amerika Quodpot. Das amerikanische Spiel ist angelehnt an American Football: Der Quod ist der Ball, der in den Pot gebracht werden muss. Der Quod kann aber während des Spieles explodieren und der Spieler, der ihn dabei in der Hand hält, scheidet aus dem Spiel aus.

Das berühmte Mädchen auf der Toilette gibt's auch bei »Harry Potter«!

Ein weit verbreitetes Klischee ist ein weinendes Mädchen auf der Damentoilette während einer Party. Genau das war die Inspiration für J.K. Rowling für die Maulende Myrte. Rowling merkte einmal an, dass auf Herrentoiletten so etwas scheinbar nicht stattfindet. Deshalb machte sie sich einen Spaß daraus, Harry und Ron in »Harry Potter und die Kammer des Schreckens« und »Harry Potter und der Halbblutprinz« auf dieses unbequeme und unbekannte Terrain zu bringen.

Wo sind eigentlich …?

… Fluffy und der Stein der Auferstehung?

Beginnen wir mit Fluffy: Der dreiköpfige Hund aus dem ersten Buch gehört zu den magischen Wildtieren, die Rubeus Hagrid im Laufe der Jahre aufgezogen und gepflegt hat. Seine Aufgabe war es, den Weg zum Stein der Weisen zu bewachen. Was danach aus ihm wurde, wird in der Geschichte nicht aufgelöst. Laut J.K. Rowling lebt er aber, nachdem Dumbledore Hagrid gebeten hatte, ein paar seiner Tiere in die Freiheit zu entlassen, mittlerweile wieder in Griechenland, wo das riesige Tier auch herkam.

Und der Stein der Auferstehung? Dieser wurde nie wiedergefunden, nachdem Harry ihn in »Harry Potter und die Heiligtümer des Todes« im Wald hat fallen lassen.

Wie kommt ein Muggel nach Hogwarts?

Hast du dich auch schon gefragt, was passiert, wenn ein Muggelkind für Hogwarts ausgewählt wurde? Das wird nicht thematisiert, obwohl man ja weiß, dass mitunter auch Muggelkinder auf die Zaubererschule dürfen. Tatsächlich funktioniert es etwas anders als bei Kindern aus Zaubererfamilien, die mit dem Prozedere ja vertraut sind. Neue Schüler, die nach Hogwarts gehen sollen und muggelstämmig sind, bekommen nämlich nicht den Brief per Eule überbracht, sondern Professor McGonagall kommt zu ihnen nach Hause und erklärt den Eltern die Umstände.

Sollten dabei Fragen über Hogwarts aufkommen, dann wird sie nie alle beantworten können. Denn laut Dumbledore ist Hogwarts so groß und verwinkelt, dass keine lebende oder tote Gestalt alles darüber weiß.

Der Name, der zigtausend Mal genannt wird

Drei Mal darfst du raten, wie oft der Name Harry Potter in allen Büchern erwähnt wird. Es sind 18.900 Mal!

Übersetzer sind auch nur Menschen

Fehler bei der Übersetzung sind bei den sieben Büchern an der einen oder anderen Stelle zu finden. Ein schönes Beispiel ist bei der Übersetzung von »Harry Potter und die Kammer des Schreckens« übersehen worden: In der deutschen Übersetzung heißt es, dass Harry »zu groß, zu gut ist, um verloren zu gehen«. Richtig hätte hier stehen müssen, dass Harry »zu groß, zu gut ist, um zu verlieren«.

Da stand doch früher was Anderes!?

In der ersten Auflage von »Harry Potter und der Stein der Weisen« hieß Sirius Black noch Sirius Schwarz. Das wurde für die weiteren Auflagen aber geändert. Wer die Bücher wirklich richtig genau gelesen hat, dem wird vielleicht auch aufgefallen sein, dass in »Harry Potter und die Kammer des Schreckens« die Überschrift für das Kapitel 13 »Der sehr geheime Taschenkalender« lautet – zumindest in der ersten Übersetzung. Mittlerweile trägt dieses Kapitel die Überschrift »Das streng geheime Tagebuch«, was ja auch mehr Sinn ergibt …

Im Tag vertan

Die Geschichte von Harry Potter beginnt am 1. November 1981, als Hagrid und Dumbledore das Baby Harry zu den Dudleys bringen. In der Realität war dieser Tag ein Sonntag – im Buch hingegen ist es ein Dienstag.

SPIEL:
Scharade

Scharade ist ein Klassiker unter den Spielen ohne großen Aufwand!

Material:
viele kleinformatige Blätter oder Karteikarten
Stifte

1. Wählt einen Spielleiter aus, der sich die zu erratenden Begriffe aus dem »Harry Potter«-Universum ausdenkt und sie auf die kleinen Karten schreibt. Ideen:
   - Figuren aus den Büchern
   - Schauspieler
   - Magische Wesen
   - Zaubersprüche
2. Die Blätter falten und in eine Schüssel geben.
3. Die Mitspieler teilen sich klassischerweise in zwei Teams auf.
4. Der Erste zieht eine Karte und sein Team muss erraten, was draufsteht – beim Vorspielen ist Sprechen verboten!

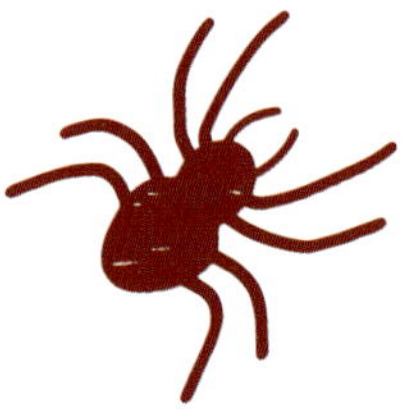

Das grosse Fan-Quiz

Ultra oder Blender, das ist hier die Frage – teste abschließend dein Wissen über die vielen Details in den Büchern und Filmen! Die richtigen Lösungen findest du ganz am Ende des Quiz.

1.

Welcher Zauberspruch ist der einzige, den Harry Potter im Film »Harry Potter und der Stein der Weisen« ausspricht?

A Wingardium Leviosa
B Alohomora
C Lumos
D Reparo

2.

Was lebt auf dem Dachboden der Familie Weasley?

A Ein Gnom.
B Ein Guhl.
C Ratten.
D Ein Glumbumbel.

3.

Wie viele Bücher von Gilderoy Lockhart brauchen die Schüler in »Harry Potter und die Kammer des Schreckens« für den Unterricht?

A Sieben.
B Fünf.
C Sechzehn.
D Vier.

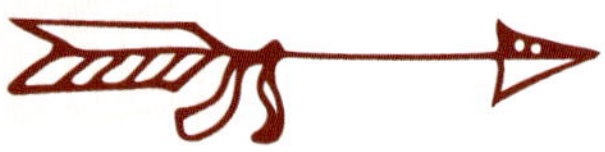

4.

In welchem Land arbeitet Bill Weasley?

A Israel
B Rumänien
C Ägypten
D Algerien

5.

In welcher Hausnummer wohnen die Dursleys?

A 5
B 6
C 7
D 4

6.

Was ist das Patronus-Tier von Luna?

A Pferd
B Hase
C Biber
D Otter

7.

Wann wurde Albus Dumbledore geboren?

A 1881
B 1902
C 1792
D 1811

8.

Wie lautet der Name des Fisches von Horace Slughorn?

A Frank
B John
C Horace
D Francis

9.

Wie gelangt man in die Küche von Hogwarts?

A Warten, bis ein Hauself die Küche betritt oder verlässt.
B Mit dem gleichen Passwort, mit dem man in Dumbledores Büro kommt.
C Man muss die Birne auf dem Obstschalenporträt kitzeln.
D Gar nicht, weil die Küche nur von Hauselfen betreten werden darf.

10.

Wer gründete Hogsmead?

A Hengis von Woodcroft
B Bowman Wright
C Gregor der Kriecher
D Claudius Ptolemäus

11.

Durch welchen Zauberspruch wird das Dunkle Mal heraufbeschworen?

A Flagrate
B Incarcerus
C Morsmodrem
D Meteolohex recanto

12.

Neville hat im 5. Schuljahr eine Pflanze bei sich. Welche Besonderheit hat diese Pflanze?

A Wenn man sie kitzelt, schreit sie.
B Wenn man sie reizt, spritzt sie stinkenden, grünen und ekligen Schleim herum.
C Sie lacht einen aus, wenn man etwas Dummes sagt.
D Sie kann unter Wasser überleben.

13.

Wie lautet der Titel von Gilderoy Lockharts Autobiografie?

A Tanz mit einer Todesfee
B Meine Abenteuer und Errungenschaften
C Zauberisches Ich
D Wie ich das schönste Lächeln aller Zauberer bekam

14.

Welche beiden Personen sind in Harrys Jahrgang die Vertrauensschüler von Slytherin?

A Pansy Parkinson und Blaise Zabini
B Draco Malfoy und Pansy Parkinson
C Draco Malfoy und Blaise Zabini
D Draco Malfoy und Vincent Crabbe

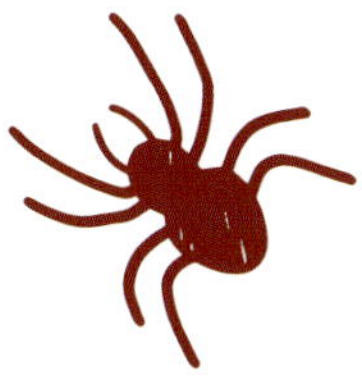

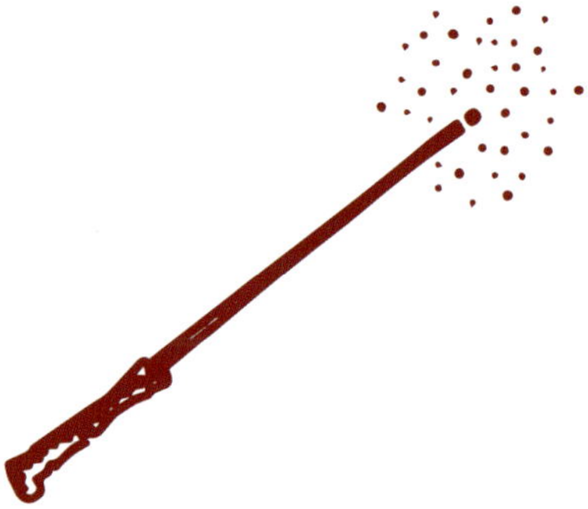

15.

Bathilda Bagshot ist die Autorin welches Schulbuchs?

A Verwandlung für Anfänger
B Geschichte der Zauberei
C Tausend Zauberkräuter und -pilze
D Theorie der Magie

16.

Welches Quidditch-Team besteht ausschließlich aus Frauen?

A Chudley Cannons
B Montrose Magpies
C Holyhead Harpies
D Wimbourner Wespen

17.

Welchen Zauberspruch spricht Harry mit dem Elderstab aus?

A Reparo
B Expelliarmus
C Protego
D Finite Incantatem

18.

Welcher Stein hilft gegen Gifte und kommt aus dem Magen einer Ziege?

A Bezoar
B Plangentinie
C Schlafbohne
D Diptam

19.

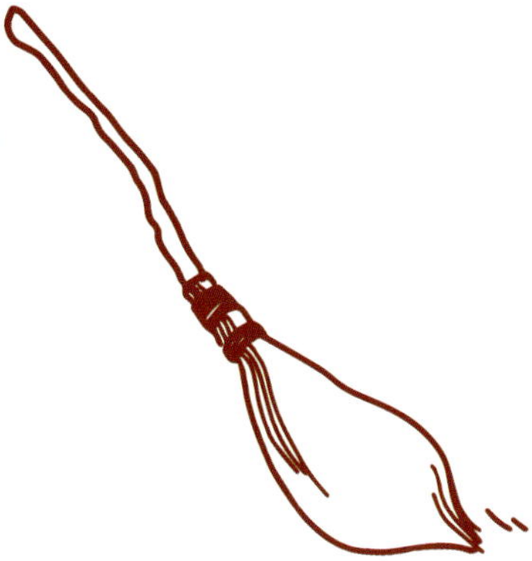

Harry bekommt einen Feuerblitz, aber aus welchem Holz besteht der Stiel des Besens?

A Ahornholz
B Birkenholz
C Lerchenholz
D Eschenholz

20.

Beim Besuch von Harry, Ron und Hermine bei Xenophilius Lovegood kocht er für seine drei Gäste Tee. Welche Sorte kocht er?

A Spulenwurzeltee
B Brombeertee
C Ingwertee
D Alihotsitee

Na, wie viele richtige Antworten hast du?

Auflösung

1 A, 2 B, 3 A, 4 C, 5 D, 6 B, 7 A,
8 D, 9 C, 10 A, 11 C, 12 B,
13 C, 14 B, 15 B, 16 C,
17 A, 18 A, 19 D, 20 A

AUSWERTUNG: Das grosse Fan-Quiz

0-4 richtige Antworten:

Um es mal mit Rons Worten zu sagen: Du solltest dringend deine Prioritäten klären! Nein, im Ernst: Du scheinst dich noch nicht so gut mit den Geschichten auszukennen. Das ist aber natürlich überhaupt nicht schlimm, im Gegenteil: Denn so hast du den perfekten Grund, um dich an deinem nächsten freien Tag oder Wochenende noch mal auf ein paar Bücher und Filme zu stürzen und sie in dich aufzusaugen – viel Spaß dabei!

5-10 richtige Antworten:

Gar nicht so schlecht! Prof. Snape hätte zwar wahrscheinlich noch immer nur wenig Wertschätzung dafür übrig – »Der Geist ist ein komplexes und vielschichtiges Etwas, Potter ... Zumindest gilt das für die meisten.« –, doch das sollte dich nicht entmutigen. Alles steht geschrieben, lies doch mal wieder rein!

11-15 richtige Antworten:

»Wir brauchen Erinnerungen. Ohne sie sind wir blind. Ohne sie überlassen wir dem Zufall das Schicksal unserer Welt.« Du erinnerst dich schon mal super, das würde wohl auch Albus Dumbledore unterschreiben! Ein bisschen Luft nach oben ist allerdings noch, also mach weiter so!

16-20 richtige Antworten:

Wow! Solange dich nicht der Zauberspruch »Amnesia« trifft, macht dir in Sachen »Harry Potter« keiner so schnell was vor! Wir ziehen den (Sprechenden) Hut vor deiner Leistung!

DIE LÖSUNG:

Das grosse Fan-Kreuzworträtsel

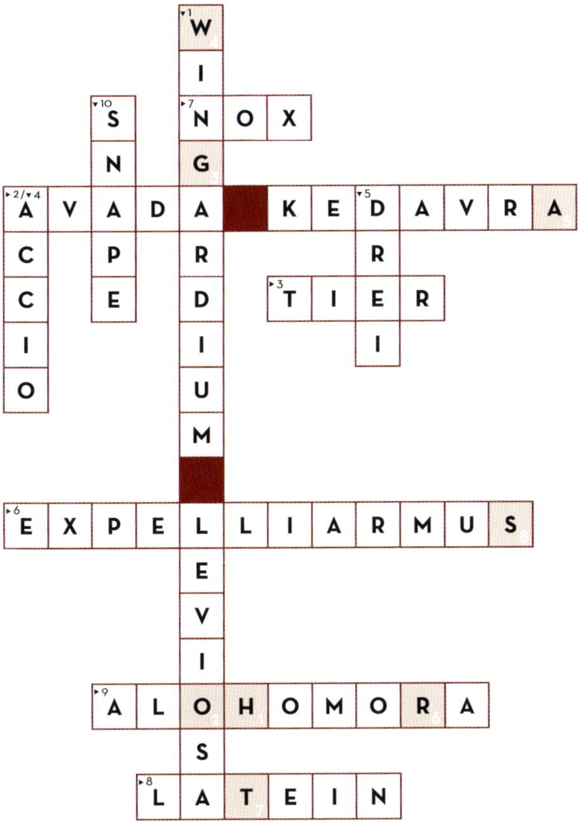

HOGWARTS

Buchempfehlungen für dich

Noch mehr Kreativ-Bücher zum gleichen Thema gesucht?

978-3-7724-4472-2

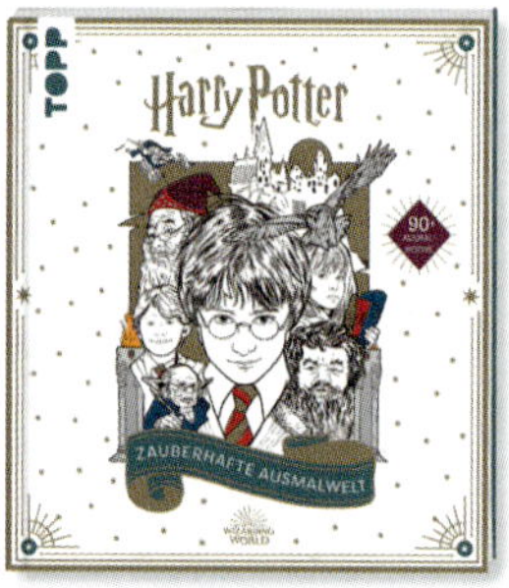

978-3-7724-4740-2

978-3-7358-9042-9

978-3-7724-4830-0

978-3-7724-4866-9

978-3-7724-6880-3

978-3-7724-4665-8

GTIN 4007742182830

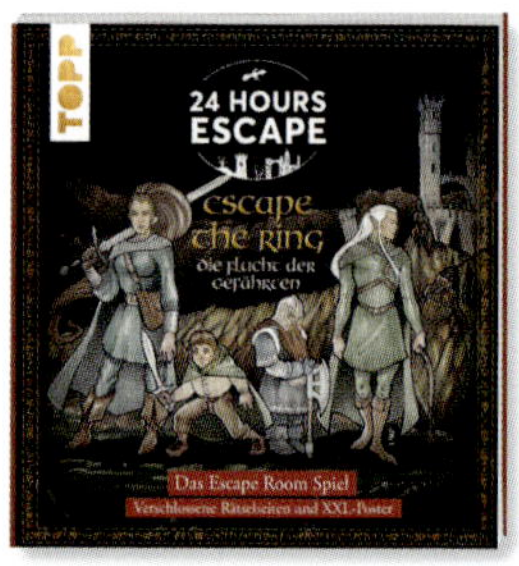

978-3-7358-5064-5

Viele weitere Kreativ-Bücher findest du auf www.TOPP-kreativ.de

978-3-7358-5036-2

978-3-7358-5035-5

978-3-7358-5038-6

978-3-7724-4667-2

TOPP 18276
GTIN 4007742182762

TOPP 18297
GTIN 4007742182977

TOPP 18234
GTIN 4007742182342

TOPP 18280
GTIN 4007742182809

#TOPPPROJEKT

Die eigene Kreativität zeigen: TOPPprojekt mit anderen Kreativen teilen und Teil der Gemeinschaft werden.

DIY-begeistert und auf Instagram? Dann unbedingt mitmachen! Hier gibt's Tipps und Feedback zu den eigenen Projekten. Außerdem verlosen wir jeden Monat ein Überraschungspaket. Um am Gewinnspiel teilzunehmen, einfach ein Bild vom Kreativ-Projekt aus unseren Büchern mit #TOPPprojekt posten und unserem Account @frechverlag folgen. Mehr Infos auf TOPP-kreativ.de/TOPPprojekt

Website
Auf TOPP-kreativ.de kannst du ein riesiges Angebot von über 1.000 Kreativbüchern, Sets & mehr entdecken.

Newsletter
Gleich anmelden unter: TOPP-kreativ.de/newsletter und immer als Erstes von unseren Neuheiten und Sonderaktionen erfahren.

Instagram
@frechverlag

Pinterest
pinterest.com/frechverlag

Facebook
facebook.com/frechverlag

DigiBib
Hier findest du zusätzlich zu vielen unserer Bücher digitale Extras, wie Video-Tutorials, Plotter-Dateien, Vorlagen, Übungsblätter & vieles mehr. Einfach im Impressum deines TOPP-Buchs den Freischalte-Code nachschlagen und exklusive Inhalte freischalten. TOPP-kreativ.de/digibib

Youtube
youtube.com/frechverlag

Wer wir sind, wie wir arbeiten, was wir lieben ...

Auf Instagram, Facebook und Pinterest findest du mehr über uns und unsere Arbeit und wirst immer schnell und einfach mit den neuesten Infos versorgt.

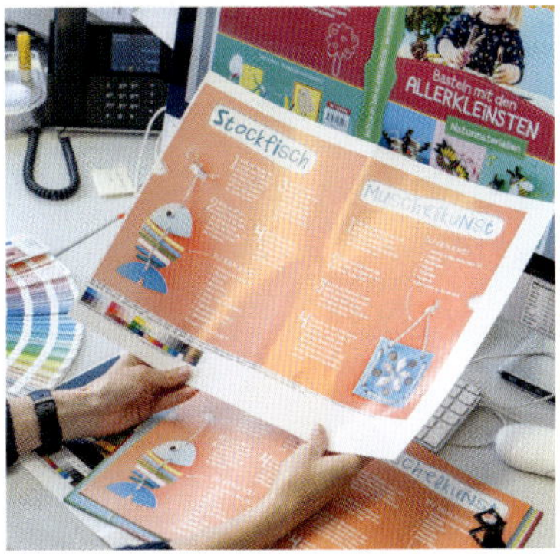

Alle News, alle Infos und alle Links findest du auf www.TOPP-kreativ.de

Dankeschön und Über die Autorinnen

Wir sagen Danke:

An Wolfgang für seine unermüdlichen Kommentare und seine vielen guten Ideen.
An »Oma Tina« für ihre Bereitschaft, alles, was bei uns auf Papier gebracht wird, Korrektur zu lesen.
An Kim für ihren kreativen Input und an Frieda, die uns dazu zwingt, den Bildschirm ab und an gegen eine Gassirunde zu tauschen.

SABINE HAAG ist eigentlich Ordnungsexpertin und Autorin. Mit ihrer Familie lebt sie in Mainz und träumt von einem »Ordnungszauber«, der ohne große magische Ausbildung anwendbar ist. Als Fan ab der ersten Buchseite war sie bei jedem neuen »Harry Potter« -Band und -Film Feuer und Flamme. Und so erlebte ihre Tochter SOPHIE HAAG den ersten Film noch im Babybauch. Was anderes als ein Super-Fan konnte daraus werden!?

SOPHIE HAAG wuchs also mit dem Zauberschüler Harry Potter auf und studiert mittlerweile Psychologie. Die Begeisterung für die Filme brauchte jedoch ihre Zeit: Der Bergtroll im ersten Film ängstigte sie so sehr, dass sie sich erst Jahre später wieder daran traute. Was sie wirklich beeindruckte, war die Tatsache, dass sie sich mit dem Kämmen ihrer Locken in eine weibliche Version von Hagrid verwandeln konnte ...

TEXT: Sabine Haag, Sophie Haag
ILLUSTRATIONEN: Pfeile und Schnörkel: Shutterstock/TatiKost94, Rahmen: Shutterstock/Borisovna.art; alle übrigen Motive: Nina Eckes
PRODUKTMANAGEMENT UND LEKTORAT: Stephanie Iber
COVERGESTALTUNG: Tatjana Weiß unter Verwendung von Illustrationen von Shutterstock/Katty Fom (Zauberhut, Karottenmännchen), freepik (alle übrigen)
LAYOUTENTWURF UND SATZ: DOPPELPUNKT, Stuttgart
HERSTELLUNG: Katrin Röhlig
DRUCK UND BINDUNG: PNB Print Ltd, Lettland

2. Auflage 2022

ISBN 978-3-7358-5037-9 Best.-Nr. 25037

MIX
Paper from responsible sources
FSC® C084698

Penguin Random House Verlagsgruppe FSC® N001967